A Bem-Amada

Delmo Moreira

A Bem-Amada

Aimée de Heeren, a última dama do Brasil

todavia

Para Tici

A Bem-Amada 9

Agradecimentos 197
Referências bibliográficas 199
Créditos das imagens 201
Índice remissivo 202

I

Aimée queria sair de cena com festa. Já tinha perdido o jeito e o prazer de dançar, mas não pretendia ir embora sem a gloriosa despedida dos salões. Convidou amigos de vários cantos do mundo para comemorar, no fim de julho de 2003, o "último aniversário" na Villa La Roseraie, sua mansão em frente ao mar de Biarritz, na França. Cuidou de cada detalhe da produção da festa. De Nova York, encomendou à estilista Vicky Tiel um vestido roxo-profundo, cor que julgava adequada para realçar todas as joias que desejava usar. Ninguém sabia com exatidão quantos anos Aimée estava completando naquela data.

Com a experiência de quem se divertiu nos mais espetaculares bailes da Europa e abençoada pela noite quente e enluarada, ofereceu uma recepção impecável. Já de madrugada, depois de se despedir dos convidados, ainda teve disposição para a costumeira caminhada na praia antes de dormir, amparada por Aparecida, uma das fiéis empregadas domésticas brasileiras que a acompanhavam.

Aimée Sotto Maior de Sá assistiu do topo do mundo, em ambientes de luxo, glamour e poder, a quase todo o século passado. Nascida no interior do Paraná, tornou-se uma diva internacional, ícone da moda, colecionadora de joias, frequentou a intimidade de palácios e namorou homens ricos e poderosos. Maior socialite brasileira do século XX, foi, no entanto, uma celebridade invulgar. Apesar da exposição pública, guardou a vida em brumas. Tratou de manter ocultos alguns episódios do passado e adotou um sutil jogo de charadas para moldar sua imagem e preservar a privacidade.

O primeiro mistério de Aimée é a data em que veio ao mundo. Filha de um casal de professores de ginásio, ela nasceu em Castro, no dia 3 de agosto de um ano até hoje controverso. A maioria dos necrológios que anunciaram sua morte, em 13 de setembro de 2006, cravou 1903 como o ano de nascimento, inclusive o *New York Times*, em nota de mais de uma coluna. No entanto, o passaporte diplomático brasileiro, concedido a Aimée no governo JK, registrava 1913 como a data correta — a mesma que está lavrada em pedra no túmulo do Hillcrest Memorial Park, em Palm Beach. A diferença no cômputo do percurso entre a cidadezinha natal às margens do rio Iapó, no norte paranaense, e o cemitério no litoral da Flórida é fruto de um boato cultivado durante anos pela própria Aimée: o passaporte de consulesa honorária do Brasil em Biarritz lhe economizara algum tempo de vida. Uma década, na maioria das versões.

Aimée começou a circular entre a nobreza europeia e a elite americana na época em que o cinema falado estava surgindo — e, em 2002, aprendia a mexer com internet num cibercafé de Paris. Viajou uma vez de zepelim, do Rio de Janeiro para Zurique, e em inúmeras ocasiões no supersônico Concorde, de Paris para Nova York. Influente no mundo da alta-costura, foi amiga da grande estilista Coco Chanel e viu sumirem espartilhos, corpetes, anáguas, polainas, casacas e cartolas. E surgirem Christian Dior, Balenciaga, Mary Quant, minissaias e meias-calças coloridas. Quando até os cavalheiros ricos começaram a vestir jeans e tênis, ela ainda preservava estolas de vison no closet refrigerado.

Quase desconhecida no Brasil, deixou o país em 1938, quando acabou seu casamento com o chefe de gabinete do presidente Getúlio Vargas, Luís Simões Lopes. Na década seguinte, pouco se falava dela por aqui. Lá fora, brilhava nas edições da revista *Vogue* de Paris e de Nova York, era eleita pela *Time* uma das cinco mulheres mais elegantes de 1941 e seu rosto anunciava cosméticos. Casada com um milionário americano, passou a ter quatro endereços: morava em Biarritz, Paris, Nova York e Palm Beach, conforme a estação do ano. Rodman de Heeren, o marido, era herdeiro da maior loja de departamentos dos Estados Unidos, a pioneira rede Wanamaker.

Aimée só passou a atrair a atenção nacional nos anos 1950, quando apareceu nas páginas da revista *O Cruzeiro*, já com o novo sobrenome. Foi apresentada como um orgulho nativo, sensação em bailes de gala repletos de estrelas de cinema. Pouco depois, a grande dama acabou se envolvendo num romance com o dono da publicação, o magnata da imprensa Assis Chateaubriand — e então saiu das sombras por algum tempo. No livro *Chatô, o rei do Brasil*, o escritor Fernando Morais dedicou várias páginas à personagem que foi "a mais duradoura de todas" as paixões do lendário jornalista. No filme *Chatô*, de Guilherme Fontes, Andréa Beltrão é Aimée, no exorbitante papel da socialite Vivi Sampaio.

Para a história política do país, ela se tornou nome de referência por causa de uma paixão que precedeu Chatô: Getúlio Vargas. Em 1995, um ano depois do lançamento do livro de Morais, o Centro de Pesquisa e Documentação de História Contemporânea do Brasil (CPDOC) publicou os diários do ex-presidente, organizados por sua neta, a pesquisadora Celina Vargas do Amaral Peixoto. Os documentos revelaram o avassalador romance que Getúlio mantivera em sigilo para evitar um escândalo de imprevisíveis consequências familiares e políticas. Ele admitia ter corrido risco de vida para encontrar a amante que, nas páginas do diário, identificou, por 29 vezes, como "a Bem-Amada". Era o codinome óbvio e carinhoso que usava para Aimée, então casada com seu amigo Simões Lopes, chefe de gabinete e futuro criador da Fundação Getulio Vargas.

Com discrição inigualável, Aimée conseguiu manter em segredo por mais de cinquenta anos o romance com o presidente da República. O caso não apareceu nos jornais da época e tampouco nas dezenas de livros publicados até o fim do século passado sobre a vida de Getúlio Vargas. Ela jamais falou em público sobre o relacionamento, nem mesmo depois da revelação dos diários. Procurada por jornalistas, foi seca: "Na minha idade, não posso estar fazendo confissões".

Quando o centro do mundo era Paris (antes de se mudar para Nova York e depois se estilhaçar), Aimée foi referência para socialites, diplomatas, empresários e políticos dos dois lados do Atlântico. Conheceu a maioria dos presidentes brasileiros e foi tratada como aliada por quase todos os diplomatas que passaram pelas embaixadas do Brasil nas grandes capitais europeias. Era a pessoa certa para se saber quem valia a pena conhecer e inigualável para promover encontros solenes.

O sólido patrimônio financeiro permitiu que Aimée de Heeren jamais precisasse se preocupar com o futuro ou cultivasse ambições de chegar a algum lugar que não fosse o que já ocupava. Usufruiu de toda a liberdade que o dinheiro pode proporcionar e não aceitava obstáculos para suas vontades — fosse um lugar num voo lotado ou o acesso à coroação da rainha da Inglaterra. Bela, vaidosa e sedutora, até o fim de seus dias amou genuinamente a fortuna e suas pompas. Descrita como "epítome do glamour", Aimée foi, na opinião do *New York Times*, "a última das grandes damas".

2

O "último aniversário" na Villa La Roseraie provocou o desagradável efeito colateral de alimentar uma nova onda de comentários sobre a idade da anfitriã. Ela zombava das fofocas que lhe atribuíam um centenário completo naquela data. Especulações sobre sua idade a irritavam. Achava esse tipo de curiosidade um mau gosto especialmente comum entre os brasileiros. Não revelava quantos anos tinha nem para o médico, alegando preferir diagnósticos objetivos que não fossem influenciados por sua boa aparência. Todo mundo lhe dava vinte anos a menos.

A estilista Vicky Tiel[1] espalhou que, nas sessões de provas do vestido roxo-profundo, em Biarritz, Aimée lhe confidenciara ter 95 anos. Teria nascido, portanto, em 1908 (não em 1903, como publicaram os necrológios, nem em 1913, como registrou o passaporte). A especulação da estilista se aproxima da data de nascimento estimada por parentes de Aimée. Um antigo retrato reforça a convicção familiar de que ela nasceu em 1907.[2] A imagem mostra o professor Genésio Sotto Maior de

---

[1] Estilista americana que começou a fazer sucesso ainda cursando a Parsons School of Design de Nova York. Vicky Tiel criou o macacão de uma peça com zíper frontal, usado por Ursula Andress no filme *O que é que há, gatinha?*, numa das cenas em que a atriz aparece mais vestida. [2] Shannon Donnelly, editora de sociedade do *Palm Beach Daily News* que conviveu por muitos anos com Aimée, também adotou 1907 como a data de nascimento no necrológio publicado pelo jornal.

Sá apresentando a família num cenário de estúdio fotográfico. Ele está em pé, de casaca preta e colarinho duro, bigodes bem retorcidos, topete impecável. Sentada na poltrona à esquerda, a professora Julieta Sampaio Quentel de Sá segura as mãos das filhas. A menininha rechonchuda da direita, acomodada na cadeira estilo Renascença, é Vera, a caçula. Tem dois anos de idade, cabelos rebeldes, e olha para alguma coisa atrás da câmera. A pequena Aimée, enfeitada de rendas e brocados como a irmã, ocupa o centro do quadro, com o olhar fixo nas lentes. Ela é três anos mais velha que a caçula, segundo os parentes que preservam o retrato e conhecem a certidão de nascimento de Vera (registrada no cartório da comarca de Ponta Grossa em de 27 de dezembro de 1910), mas jamais viram a de Aimée.

A fotografia não é suficiente para desmontar a suposta confissão de idade em Biarritz — Aimée, afinal, poderia estar com quatro, e não cinco anos, na cena. Mas torna improváveis as versões mais difundidas sobre sua data de nascimento. De acordo com a aposta dos necrológios, ela deveria ter sete anos a mais que a irmã, o que a imagem das duas meninas desmente. Pela data do passaporte diplomático e da lápide em Palm Beach, nenhuma delas sequer tinha nascido no dia em que Genésio levou a família ao modesto estúdio do fotógrafo J. Jorgensen, em Castro.

No início da década de 1920, com as meninas chegando à adolescência, Julieta e Genésio decidiram se mudar para o Rio de Janeiro. Foram acolhidos pelos Simões Lopes, família de abastados estancieiros gaúchos que, desde a Proclamação da República, participava da vida política da capital. Julieta era prima de Clara de Sampaio Quentel, mulher do patriarca Ildefonso Simões Lopes, deputado federal pelo Partido Republicano Rio-Grandense. Foi ele quem ajudou Genésio a se estabelecer no Rio de Janeiro como representante comercial.

Ildefonso, o "tio Defonso", como os sobrinhos chamavam, cultivava com Getúlio Vargas uma amizade que cruzava gerações. Os Vargas eram oriundos da fronteira do Rio Grande do Sul com a Argentina, criadores de gado nas planuras de São Borja. Os Simões Lopes fizeram fortuna com carne salgada, couro, sebo e graxa em Pelotas, no sul do estado. Descendiam do visconde da Graça, um dos "barões do charque" agraciados pelo Império com títulos de nobreza. Quando Getúlio foi eleito deputado federal, Ildefonso já somava três mandatos.

O Rio de Janeiro era a cidade do poder. Tinha mais de 1 milhão de habitantes, modernizava-se, esbanjava vida intelectual e social, mas recendia a Império nos gabinetes embolorados da burocracia federal, nos arranjos da política dos coronéis e no aconchego dos bons lares cristãos com seus costumes.

A família de Aimée não encontrou dificuldades para se entrosar na alta sociedade carioca. Genésio era mais desajeitado para a vida mundana, mas Julieta, a partir do círculo de relações da prima Clara, compensava com folga a falta de interesse do marido. Quem conviveu com Genésio costuma descrevê-lo como um homem bondoso, feliz, um tanto ingênuo, aéreo e dispersivo. Julieta, ao contrário, é descrita como ativa, charmosa e dona de grande destreza para tecer redes de amizades. Associada ao prestígio dos Simões Lopes, em pouco tempo já tinha influência social bem superior às posses dos Sotto Maior de Sá.

Quem comandava a vida da elite na capital era Laurinda Santos Lobo, chamada de a "marechala da elegância" e "princesa dos mil vestidos". Era o paradigma da grande diva dos salões, que, além da moda e dos costumes, influenciava a política e a cultura. Milionária, morava num palacete em Santa Teresa onde recebia autoridades, romancistas, pintores, poetas, músicos e ilustres estrangeiros em visita à cidade. As moças que sonhavam com um lugar na alta sociedade queriam ser

Laurinda, com camarote na primeira frisa do Theatro Municipal, joias combinando com a cor do vestido e dos sapatos franceses. Além de tudo, era mecenas dos modernistas, sufragista, e debatia ideias de movimentos feministas que conhecera na Europa. Laurinda e o marido moravam em áreas distintas do palacete e poucas vezes eram vistos juntos em público. Muita gente pensava que fosse solteira ou viúva.

Como parte fundamental da educação das filhas, Julieta fazia questão de que elas a acompanhassem, desde muito novas, aos eventos sociais e, assim, se familiarizassem com as modas e etiquetas. Levou Aimée e Vera, que estudavam francês, para conhecer Paris e Berlim. Genésio não gostava de se afastar de Copacabana, onde moravam, e evitava as viagens da esposa. Familiares contam que Julieta se envolveu em dois casos românticos extraconjugais: com o executivo de uma empresa alemã e com o cafeicultor paulista Plínio Uchoa. As tias carolas das famílias Sampaio Quentel e Simões Lopes jamais ficaram sabendo disso.

As meninas de Julieta eram lindíssimas. Vera tinha um jeito natural, solar, saudável, e um sorriso largo e franco que embelezava ainda mais seu rosto. Aimée era morena de olhos verdes, zigomas salientes, corpo harmônico, de um porte altivo e algo atrevido. Claramente, é a que chamava mais atenção. "Era muito bonita, uma moça fina e educada", segundo a socialite Lily de Carvalho Marinho. Os homens que a conheceram deixaram testemunhos entusiasmados, que hoje soam impróprios pela ênfase dada ao que eles próprios sentiram. João Daudt Oliveira, empresário e político influente, considerava Aimée, "de uma beleza estonteante", a dama mais bonita do Brasil. Em suas memórias, o baiano Juraci Magalhães, um dos tenentes da Revolução de 30, descreveu-a com as tintas da mulher fatal: "Era de fato encantadora, e mais que isso, simpática, elegante, cheia de espírito, em suma, uma presença que enfeitiçava qualquer homem". Foram estonteados e enfeitiçados que descreveram a jovem Aimée.

Luís Simões Lopes, o primogênito de Ildefonso, morava fora do Rio de Janeiro na época da chegada dos parentes do Paraná e só foi apresentado a Aimée tempos depois. Ele cursava a Escola Superior de Agricultura, em Piracicaba, e logo seguiu para a Escola Mineira de Agricultura e Veterinária de Belo Horizonte. Magro, moreno, testa alta, entradas prenunciando a calvície e um longo nariz adunco, não era um homem que chamasse a atenção pela beleza. Levava vida social discreta, vestia ternos pretos de caimento perfeito e tinha os modos da aristocrática Pelotas natal.

No começo da carreira pública, Simões Lopes trabalhou no Ministério da Agricultura, chegando ao posto de oficial de gabinete do ministro Miguel Calmon, no governo Artur Bernardes, em 1925. Foi nessa época, num baile, que conheceu Aimée, quatro (ou cinco) anos mais nova que ele. Impressionado com a beleza da jovem, perguntou aos amigos quem era. "Sua prima", esclareceram.

Simões Lopes fazia parte de uma nova geração de políticos que se apresentavam aos caciques partidários como quadros tecnocráticos. Filhos da elite, vocacionados ao poder, esses jovens preparados nas universidades se achavam capazes de agregar alguma luz às administrações da velha oligarquia. Chimangos históricos, os Simões Lopes haviam sido formados na tradição da ditadura republicana dos positivistas gaúchos, assim como os Vargas.

Junto com o pai, Simões Lopes estava envolvido na campanha eleitoral de Getúlio. O pleito presidencial de 1930, o 11º da história da República, agitou o Rio de Janeiro de forma inédita. Havia pelas praças a novidade dos grandes comícios, ainda chamados de meetings, com os palanques gritando por mudanças e reunindo multidões. Apenas poucos podiam votar — tinham de ser brasileiros, homens e alfabetizados, o que representava apenas 5,6% da população —, mas os ânimos estavam exaltados e pairava a ameaça de rebeliões militares.

Apesar do clima carregado, o leal Ildefonso aceitou ser vice-presidente e tesoureiro da Aliança Liberal, como se chamava a frente de apoio a Getúlio. Empenhou o prestígio pessoal para cobrir gastos da campanha e foi obrigado a passar pelo constrangimento de driblar filas de cobradores em frente de casa. Reclamou com Oswaldo Aranha, um dos líderes da Aliança, numa carta: "Nunca passei por estes transes em minha vida; a tranquilidade de nosso lar, que bem conhecias, desapareceu".

No fim do ano, um crime político uniu ainda mais as duas famílias. Os partidários de Getúlio e de Júlio Prestes, o candidato do governo, se enfrentavam havia meses nas calçadas em torno da Câmara. Os deputados da oposição faziam seus discursos nas escadarias, do lado de fora do Palácio Tiradentes, em protesto contra o esvaziamento das sessões, imposto pela bancada do presidente Washington Luís. Logo depois dos feriados de Natal, aconteceu a desgraça: pistoleiros dispararam contra os manifestantes da Aliança Liberal, ferindo duas pessoas. Ildefonso testemunhou a cena e decidiu ir ao plenário para denunciar que os atiradores eram notórios bandoleiros contratados pelo governo.

A caminhada foi interceptada ainda no saguão por um adversário, o pernambucano Sousa Filho, que zombou dele: "Que é isso, velho Simões, está zangado?". Os dois trocaram desaforos e se engalfinharam. Sousa Filho puxou um punhal e recebeu de volta uma bengalada na cabeça, desferida por Simões Lopes, que acompanhava o pai. Ainda cambaleando, o pernambucano tentou mudar de alvo, mas foi abatido por Ildefonso com três tiros à queima-roupa. O sangue no piso do saguão da Câmara virou imagem-símbolo da campanha eleitoral. Pai e filho ficaram presos por pouco tempo no quartel da Polícia Militar. Receberam a visita de Getúlio e, num julgamento rápido, acabaram absolvidos por legítima defesa.

Quase um ano se passou e, à meia-noite de 11 de outubro de 1930, Ildefonso estava na estação ferroviária de Porto Alegre, instalado no terceiro dos onze vagões do comboio que partia com Getúlio para a frente de batalha. O estado-maior revolucionário, que tomara a capital gaúcha uma semana antes, iniciava ali a viagem de vinte dias que terminou na Central do Brasil, no Rio de Janeiro, com o novo presidente carregado nos braços da multidão até a saída da plataforma.

Nos primeiros dias agitados da instalação do governo provisório, Simões Lopes já trabalhava no Palácio do Catete, encarregado por Getúlio de botar alguma ordem na casa. Apenas um funcionário do antigo governo permanecera no posto e não havia gente sequer para organizar os pedidos de audiência e o expediente diário. A desenvoltura e discrição do jovem amigo e seu evidente gosto pela organização agradaram o presidente, que o convidou para a chefia do gabinete de governo. Simões Lopes agradeceu a honra de trabalhar com um ídolo de seu pai. Ele tinha 27 anos; Getúlio, 48.

3

Na primeira página do diário, Getúlio Vargas disse acreditar que qualquer pessoa determinada a anotar rotineiramente num caderno seus "pensamentos [e] motivos de ação" poderia se igualar aos escritores dos livros de aventura "da mais rica fantasia imaginativa". No caso dele era bastante provável, pois havia começado a escrever o diário na exata noite em que resolvera pegar em armas para derrubar o governo. Durante os doze anos seguintes, registrou em treze cadernetas idênticas, de capa dura preta e lombada verde, a intimidade do enorme poder que exerceu.

A figura pública de Aimée se originou dessas anotações. Saiu das reflexões de um homem criado nas estâncias do pampa gaúcho no fim do século XIX. Um cinquentão apaixonado, que correu alguns riscos para estar com ela, mas jamais deixou de vê-la como amante. Foi Getúlio quem desenhou a Aimée mostrada nas reportagens e nos livros publicados depois da revelação de seu diário pessoal, em 1995. Não há a voz dela na imagem propagada da mulher fatal que seduziu Vargas.

Aimée jamais aceitou falar sobre o assunto e sabotou tentativas de reportagens com pura desinformação. A ideia de um livro sobre sua vida a enojava. "As pessoas gostam de ler sobre crimes e sexo. Não tenho crimes na minha vida, e de sexo não vou falar." Devotada a um mundo excludente, de acessos restritos e prazeres distintos, ter um perfil público significava baratear a valiosa vida privada. Em raras confidências a parentes muito íntimos, relatou apenas acontecimentos corriqueiros ou impressões genéricas sobre os tempos de Getúlio. Encerrava esse tipo de conversas com um bordão: "Sou uma senhora, tenho família! A quem interessam essas *cousas*?". Com voz grave e leve sotaque sulista, Aimée falava *"cousas"*.

A vida amorosa de Getúlio surge aos poucos no diário. Os apontamentos formais sobre as jogadas políticas de cada dia só abriram espaço para a intimidade numa anotação no feriado do Dia do Trabalho de 1932. Ele adotava um tom inédito de inconfidência para descrever a agenda do sábado: "À tarde, uma visita agradável, interrupção de três anos e meio de vida regular. Uma sinalefa!!".

Era a primeira vez também que uma nota com dois pontos de exclamação aparecia no diário. Getúlio oferecia como pista apenas a palavra "sinalefa", provavelmente aprendida nos estudos de métrica poética do colégio. Sinalefa é o efeito do encontro de um vocábulo terminado em vogal com outro iniciado também por vogal. Pronunciados como uma palavra só, emendados, alteram o número de sílabas a contar em cada verso. Getúlio, portanto, considerava a "visita agradável" uma espécie de licença poética na recente temporada de fidelidade à esposa. Nenhum indício sobre a parceira.

Na revisão histórica posterior à publicação das memórias de Getúlio, Aimée chegou a figurar como suspeita dessa famosa sinalefa. Mas é improvável que o romance com Getúlio tenha começado naquele deslize doméstico. Aimée só surge no diário, devidamente identificada, quatro anos mais tarde. E quando ela entra na vida de Getúlio, o efeito é de vendaval, não de devaneio de marido enfastiado de fidelidade durante um feriadão.

Depois da recaída lasciva no Dia do Trabalho, as sinalefas se tornaram corriqueiras no diário, ao mesmo tempo que surgiam boatos sobre o envolvimento do presidente com vedetes do teatro de revista e cantoras de rádio. Ele costumava dar escapulidas durante o expediente e anotava essas fugas como "passeio com Fiúza". Iedo Fiúza era um velho e discreto amigo de Porto Alegre, nomeado diretor-geral do DNER (Departamento Nacional de Estradas de Rodagem). Com a desculpa de levar o chefe para inspecionar obras rodoviárias, ele o conduzia ao ninho romântico de ocasião.

Com um ano e meio de governo, Getúlio andava reclamando de solidão. Equilibrava-se entre os apelos autoritários dos velhos camaradas de revolução e a pressão cada vez mais forte por eleições livres. Ganhava fama de contemporizador. "Sinto meu declínio político; ou por falta de capacidade para abrir novos horizontes, ou por falta de apoio para transformações mais radicais." São Paulo estava rompido com o governo federal e os militares exigiam repressão aos opositores, convencidos de que uma redemocratização "apressada" faria a velha elite aristocrática voltar ao poder. Getúlio antecipou no caderninho preto a solução para o impasse: "Parece-me inviável a ação governamental sem certas faculdades discricionárias". Estava começando a namorar firme com a ditadura.

Os pensamentos anotados com letra miúda não eram repartidos, na integridade e na essência, com ninguém. Versado nas conspirações, Getúlio colecionava incidentes para desconfiar de aliados e agia de um jeito tortuoso, erroneamente confundido com lentidão. Os Simões Lopes faziam parte do círculo mais íntimo do poder, mas, como quaisquer outros ali, conheciam apenas pedaços de planos e tinham impressões vagas sobre as intenções do chefe. Ildefonso, nomeado presidente do Banco do Brasil depois da revolução, era presença constante no palácio, e ajudava o presidente nas manobras políticas para dominar o Congresso. O filho controlava a agenda, analisava projetos, tentava pôr alguma ordem na caótica máquina pública e não revelava o menor apetite pelas funções políticas da chefia de gabinete.

No início de 1932, Simões Lopes e Aimée começaram a namorar e em poucos meses marcaram o casamento. Ela tinha pressa em deixar a casa dos pais e se livrar dos controles e da pressão para que arrumasse logo um marido. Queixava-se de que Julieta era autoritária e lembrava uma pequena implicância materna para ilustrar a relação entre as duas. "Mamãe jamais me deixava tomar chá sem leite, porque era muito forte. A primeira vantagem que vi no casamento é que, pelo resto da vida, poderia tomar chá como eu gosto: puro." Em 7 de julho, em Paris, como era desejo da noiva, fizeram uma celebração familiar e passaram a lua de mel em Versalhes.

Getúlio não comentou no diário o casamento de seu assessor direto. O lapso é compreensível, dada a tensão do momento: dois dias depois, em 9 de julho, quando saía para uma caminhada após o jantar, ele recebeu a notícia da eclosão da revolta armada em São Paulo. Nos lances iniciais da Revolução Constitucionalista, Getúlio circulou pelo palácio com o cabo de madrepérola do revólver à vista, no bolso externo do paletó. Anunciava que resistiria "até o fim". Também levava nos bolsos um envelope endereçado "à nação brasileira". Era sua primeira carta-testamento. A família e os amigos evitavam deixá-lo só.

Quarenta anos depois do casamento esquecido por Getúlio, já apaziguada com o peso das circunstâncias sobre a vida de qualquer um, Aimée contaria a uma jovem confidente que a noite de núpcias com Simões Lopes também não merecia estar em suas próprias memórias. "Foi um desastre. Só não fugi porque o nécessaire era muito pesado." Chamadas de frasqueiras no Brasil de 1932, elas pesavam toneladas para uma mulher casada. Aimée também lamentou com outra amiga o fato de o desastre não ter se abrandado durante a lua de mel em Versalhes.

Ela gostava de gente, estava sempre elegante, de bom humor e determinada a manter conversas agradáveis. Vera era uma das raras pessoas que sabiam do casamento infeliz.

As irmãs se adoravam. Foram unidas pela vida toda e admiravam o que cada uma pensava, fazia ou simplesmente escolhia para vestir. Aimée dizia que a caçula sempre fora mais "avançada e decidida" que ela.

Vera testemunhou, certa vez, um desentendimento sério entre a irmã e o cunhado. Ela e Aimée haviam passado o dia se arrumando para uma festa no Grill Room do Cassino da Urca. Não era uma festa qualquer. O salão de bailes do cassino costumava revezar duas ou três orquestras de quinze a vinte músicos para acompanhar artistas como Carmen Miranda, Josephine Baker e Bing Crosby. Nas mesas eram servidos pratos franceses em louças finas e talheres de prata, os homens vestiam *summer* e as mulheres, longos para noite. Depois do baile, flanavam pelo cassino, com mais de quarenta roletas e mesas de jogos à disposição. Quando Aimée e Vera já haviam aprovado mutuamente as roupas, penteados e joias de cada uma, Simões Lopes chegou do trabalho e proibiu a esposa de acompanhar a irmã ao baile. A cena de ciúmes desencadeou uma crise, e Aimée saiu de casa por uns tempos. Vera a aconselhou a não recuar e se separar em definitivo, mas não foi ouvida.

Por dois anos, Aimée frequentou o Palácio do Catete sem que sua presença fosse apontada no diário de capa preta. Compareceu, finalmente, numa nota de 29 de janeiro de 1934, mas ainda não tinha nome nesse registro. Getúlio se refere apenas à "Luís com senhora", como integrantes da comitiva oficial no trem que partia para Petrópolis, a sede do governo nos meses de verão. Simões Lopes, junto com outros ministros, acompanhava o presidente nessas temporadas que costumavam se estender até abril. O chefe de gabinete e a esposa ficavam hospedados num dos vários quartos do Palácio Rio Negro reservados a funcionários, autoridades e convidados.

A longa convivência no casarão imponente, ex-residência de verão da família imperial, acrescentava um clima doméstico ao círculo de poder getulista. Aimée tinha boas relações com a primeira-dama Darci, doze (ou treze) anos mais velha que ela, e com uma das filhas, Alzira, que trabalhava no gabinete do pai como arquivista particular e hábil conselheira. Fotografias do acervo dos Vargas mostram Aimée e Alzira em conversas animadas, divertindo-se juntas na piscina, em passeios e cavalgadas. São figuras muito diferentes: a primeira, uma morena esbelta, impecavelmente vestida para cada ocasião, penteados modernos e bem maquiada a qualquer hora do dia; Alzira, seis (ou sete) anos mais nova, de cabelos curtinhos, rosto lavado, parecidíssima com o pai, trajando roupas funcionais, sem enfeites.

Em julho de 1934 Getúlio foi eleito presidente pela Assembleia Constituinte, realizada sem a participação de seus principais adversários, presos ou exilados do país. Depois da última temporada na serra, Simões Lopes e Aimée ficaram íntimos do presidente e da primeira-dama, convidando-os para almoços, sempre elogiados. Em setembro, Getúlio registrou: "Fui com a família almoçar em Copacabana, em casa do meu oficial de gabinete, Luís Simões Lopes, que está de viagem para a Itália, em comissão do Ministério da Agricultura". O jovem assessor havia sido designado pelo presidente para conhecer a Itália de Mussolini e a Alemanha de Adolf Hitler.

4

Simões Lopes adorou o nazismo, mas essa admiração merece ser filtrada pelo tempo. O governo Vargas estava bem fornido de simpatizantes do nacional-socialismo e do fascismo. O general Góis Monteiro, principal militar da Revolução de 30, era germanófilo, como também o futuro ministro da Guerra, Eurico Gaspar Dutra. A missão diplomática para a qual Getúlio escalou Simões Lopes, porém, era basicamente especulativa.

Na década de 1930 havia devotos de Hitler e Mussolini por todos os cantos do mundo. Na Inglaterra e na França, os grupos nacionalistas radicais eram inexpressivos entre a população mais pobre, marcada pelos horrores da Primeira Guerra Mundial; mas, na alta política e na aristocracia, grassava a admiração pela ordem que os dois ditadores mantinham em seus países, livres da ameaça comunista. A crença de que a democracia liberal havia morrido nos campos de batalha e só faltava enterrá-la estava disseminada pelo mundo inteiro. Naqueles anos, Hitler e Mussolini ainda não haviam invadido nenhum país vizinho nem mandado multidões para os campos de extermínio — mas já eram ditadores.

Foi no *Graf Zeppelin*, o flamante dirigível alemão, que Simões Lopes e Aimée viajaram para a Europa. O percurso durava três dias e meio. Desembarcaram em Zurique para que Aimée pudesse visitar a mãe, Julieta, que havia meses tratava a saúde na Suíça, sob os cuidados de Vera. Dali partiram para Berlim, onde programavam ficar três dias. Os contatos com o

Ministério da Propaganda, porém, animaram Simões Lopes a estender a visita por oito dias.

De Londres, na escala seguinte, ele enviou uma carta a Getúlio, com data de 22 de setembro de 1934, relatando as novas façanhas germânicas: "O que mais me impressionou [...] foi a propaganda sistemática, metodizada, do governo e do sistema de governo nacional-socialista", escreveu. "Não há em toda a Alemanha uma só pessoa que não sinta diariamente o contato do 'nazismo' ou de Hitler."

Simões Lopes elogiou a beleza dos uniformes militares e se encantou com as imagens do Führer e da suástica dominando cartazes de rua, telas de cinema e capas de jornais. "A organização do Ministério da Propaganda [alemão] fascina tanto que eu me permito sugerir a criação de uma miniatura dele no Brasil." Achou o ministro Joseph Goebbels[1] "grande figura de homem dinâmico e talvez o cérebro do nacional-socialismo". Entre as realizações louváveis do governo, destacou a censura à imprensa, os controles rígidos sobre os órgãos da cultura, a dedicação aos esportes para a juventude, a proteção aos pobres com oferta de crédito e moradia e o fim dos privilégios da aristocracia. "Os filhos dos nobres vão para os campos de 'trabalho voluntário' [...] com os filhos dos operários, moram na mesma barraca e juntos trabalham de pá e enxada", relatou, embora não tenha visitado nenhum desses campos. Em sua opinião, as últimas eleições alemãs haviam demonstrado que "o povo foi realmente nazificado" e, assim, "vive satisfeito e distraído, esquecido da política". Admitia, porém, algumas dificuldades para importar as ideias do "superministério" de Goebbels: "A Alemanha [...] leva-nos a vantagem de ter um governo praticamente ditatorial".

---

1 Não há evidências de que tenha conhecido Goebbels pessoalmente.

Na conclusão da carta, Simões Lopes enviou "muitas recomendações [de Aimée] para o senhor, d. Darci e filhos". Getúlio leu-a, mas não deixou no diário nenhum comentário sobre os feitos nazistas. Opinou apenas sobre os mexericos que o remetente lhe passou sobre o comportamento de diplomatas brasileiros sediados em Berlim. Apesar das relações amistosas com Alemanha e Itália, Getúlio jamais permitiu que o Brasil se afastasse dos interesses dos Estados Unidos. O jornalista Assis Chateaubriand o acusava de ser "um Zé Pereira liberal" dos americanos e dos ingleses.

Simões Lopes e Aimée comemoraram a passagem daquele ano com o presidente e a primeira-dama, numa ceia discreta no Palácio do Catete, acompanhados apenas por outro casal de amigos. Mesmo nessas ocasiões, em mesa de seis pessoas, Aimée ainda aparecia no diário como "a senhora do Luís". Na Páscoa de 1935, Vera foi convidada pela irmã para se juntar à pequena comitiva que acompanhava o presidente num período de descanso em Petrópolis, sem compromissos oficiais. Foi nesses dias de feriado que, pela primeira vez, Getúlio escreveu o nome de Aimée no caderno de capa preta.

> Durante as manhãs, aproveitei esses feriados, como faço também nos dias úteis, para ler e trabalhar. Na tarde do primeiro dia, fui no auto do Luís, acompanhado de um ajudante de ordens e das duas irmãs, Aimée e Vera, duas alegres e inteligentes companheiras — a primeira, senhora do Luís —, passear no sítio do Salgado. Aí fizemos um longo passeio a cavalo, regressando à tarde.

O passeio com as irmãs foi narrado como legítima sinalefa em tempos de péssimos humores. Nas páginas subsequentes, Aimée novamente evapora e o diário se enche de segredos e suspeitas. "Tenho me sentido um pouco só, mal ajudado e aborrecido. Obrigado a procurar derivações perigosas em carinhos mais ou menos mercenários", queixou-se.

Aos 53 anos, Getúlio decidiu voltar a nadar, tomar cuidados com a saúde e começou a descobrir, vizinho ao poder político, outro mundo pujante. Aceitou convites para recepções nas quais encontrou "muitas pessoas da alta sociedade elegante e abastada que na gíria denominam grã-finos". Ele já tinha abandonado as túnicas militares de coronel revolucionário e encomendava ternos ao italiano José de Cicco, o alfaiate predileto dos banqueiros e senadores. Não gostava de "esnobismo, frivolidade e ostentação", mas se surpreendeu com a elite carioca. "Não tive a má impressão que esperava [...]. Gente bem vivida, um tanto egoísta, mas de um sólido bom senso", anotou no diário.

Aimée circulava por esses ambientes. As colunas sociais da época a citavam, elogiando seus vestidos importados de costureiros famosos.[2] A moda dos anos 30 ainda prestigiava capas, boleros e luvas, mas também tinha descoberto o esporte, a vida ao ar livre e os banhos de sol. As mulheres faziam footing pela avenida Atlântica com vestidos mais leves, mostrando as canelas. Era chique frequentar as piscinas do Hotel Londres, tomar coquetel de fim de tarde no terraço do Bar Alpino e, acima de tudo, ser visto no Golden Room do Copacabana Palace.

A elegância moderna de Aimée encantava até a tradicional família do marido. As sobrinhas se esgueiravam às salas de visita para espionar as roupas usadas pela tia, que "parecia uma artista". Eram famosos os ciúmes que o tio tinha dela, mas

---

2 Na coleção de moda que Aimée guardou, há um icônico vestido de jérsei de seda de Alix Grès, da coleção de primavera de 1934. Madame Grès foi criadora de um estilo escultural que valorizava o corpo feminino. Famosa por usar, muitas vezes, metros e metros de tecido para fazer uma única peça enrolada no corpo da modelo.

inteiramente compreendidos e aceitos como decorrência natural da incrível beleza da esposa. O presidente da República era o único homem que Simões Lopes permitia dançar com Aimée.

Getúlio, apesar das tensões políticas do momento, arrumava espaço na agenda para acompanhar a primeira-dama em cerimônias, como o almoço promovido pelo Congresso Feminista Nacional, no Automóvel Club. "Insistiram muito, queriam prestar esta homenagem ao mais feminista dos [presidentes], segundo afirmavam." Os tranquilos passeios públicos, de charuto entre os dedos, terno trespassado de linho claro e chapéu-coco bege, tinham um tanto de dissimulação. Ele sabia, desde junho, que estava em andamento uma conflagração comunista no país. Recebera a informação da embaixada britânica, que monitorava um grupo de agentes soviéticos infiltrados no Rio de Janeiro. Alertou os militares e se preparou para a reação. A quartelada comandada por Luís Carlos Prestes começou no 3º Regimento de Infantaria, na Praia Vermelha, às quatro da madrugada de 27 de novembro. Às sete horas, o presidente já tomava café da manhã com o ministro da Guerra, seguro da vitória.

Com a Intentona Comunista, o Congresso aprovou o estado de guerra que Getúlio exigia, abolindo praticamente todas as garantias constitucionais. Na caça às bruxas que se sucedeu, o governo prendeu mais de 7 mil pessoas e precisou construir com urgência cinco novas colônias penais.[3]

---

3 Os escritores Graciliano Ramos e Jorge Amado e a médica Nise da Silveira padeceram nesses presídios. A mulher de Prestes, Olga Benário, alemã e judia, foi entregue aos nazistas.

5

"Apareceram-me os casais Simões Lopes e Sparano", anotou Getúlio em fevereiro de 1937. Luís Sparano era adido comercial da embaixada em Roma e preparava a visita que a primeira-dama faria à Itália de Mussolini. Simões Lopes e Aimée voltavam de uma viagem a Paris, onde a destemida Vera estava morando depois de um inesperado casamento.

John Felix Charles Bryce, o marido de Vera, era inglês, bem-nascido, bonitão, tinha 31 anos e fama de playboy. Preferia ser chamado de Ivar Bryce. Vera o conhecera meses antes do casamento, no Rio de Janeiro, numa época em que ele prospectava negócios pela cidade. Não se sabe exatamente o tipo de negócios, mas deviam ser difíceis de escolher, dados os longos anos que Ivar viveu sem ocupação definida. Seu pai enriquecera no comércio com a América do Sul explorando guano[1] no Chile e no Peru, ramo que lhe permitiu fundar uma companhia de navegação. Mas os tempos mudaram quando o

---

[1] O guano é resultado do depósito de milhares de anos de excremento e urina de morcegos e aves comedoras de peixes em ilhas e nas costas oceânicas. Conhecido pelos incas, foi descoberto pelos europeus no século XIX como um poderoso fertilizante natural, rico em fosfato e nitrogênio. As montanhas de guano chegavam a 45 metros de altura nas ilhas na costa do Peru e Chile, países que fizeram uma guerra de quatro anos pela posse de reservas. Só os Estados Unidos importavam 800 mil toneladas de guano por ano. Os ingleses participavam da exploração e dominavam o comércio do insumo. A família de Ivar era proprietária da Bryce, Grace & Co. Em 1910, o mundo descobriu o fertilizante sintetizado da amônia e o império do guano ruiu.

mundo inventou fertilizantes agrícolas industrializados para substituir os excrementos nas lavouras. Um dos últimos bens que restavam aos Bryce era Moyns Park, a histórica casa de campo em Essex, joia da arquitetura elisabetana.

Ivar criou publicações malsucedidas e empreendimentos que nunca foram adiante em parceria com um ex-colega de estudos em Eton, o futuro escritor Ian Fleming. Gostava de fazer excursões de motocicleta pela Europa com o velho parceiro. Durante a guerra, anos depois, eles trabalharam juntos para o serviço secreto inglês. Fleming disse que essa experiência foi a inspiração, em 1953, para seu espião James Bond. O escritor dedicou *Os diamantes são eternos*, o quarto volume da saga do agente 007, ao amigo Ivar, "que, como sempre, forneceu o roteiro".

Os primeiros meses do casamento de Vera foram de fausto. Ivar era bem relacionado na alta sociedade e ela aprendeu rápido o endereço das grandes *maisons* da moda para estar à altura das festas da temporada de primavera em Paris. Mas a história de amor durou menos de um ano. Vera percebeu que o extravagante marido não tinha como sustentar a vida que levavam, nem a irresistível queda pela jogatina que ele procurava esconder. Tratou da separação e, com seu jeito determinado, aconselhou Ivar a se "casar com uma mulher rica". Foi o que aconteceu, afinal, em 1950: ele se casou com Josephine Hartford, herdeira da A&P, a maior rede varejista dos Estados Unidos. Sem ressentimentos, pela vida toda Ivar manteve contato com a família de Vera.[2]

O breve matrimônio foi o primeiro dos acontecimentos inusitados que marcaram o destino das irmãs. Nos meses

---

[2] Depois do casamento com Josephine, Ivar escolheu morar nas Bahamas e ajudou o amigo Fleming a encontrar seu paraíso numa baía particular em Oracabessa, na Jamaica. William, filho de outro casamento de Vera, o visitou em Nassau.

seguintes, a vida de Aimée é que entraria em combustão, quando ela começou a namorar o chefe do marido. O caso com Getúlio durou pouco mais de um ano. Foram exatamente 38 encontros íntimos registrados no diário do presidente — e é improvável que tenha sido negligenciada alguma ocasião em que estiveram juntos.

O romance teve início quando Getúlio dava os passos finais para se tornar ditador. Os boatos de golpes e autogolpes se sucediam; enquanto, inflamados, os quartéis e o Congresso se misturavam no embate político como uma coisa só, Getúlio escapava com a amante para uma garçonnière em Copacabana. Eram intervalos de prazer, compensações que julgava merecidas pelo árduo trabalho de erguer um Estado de inspiração fascista no Brasil. As confissões sentimentais aparecem no diário como apêndices de textos ásperos sobre perfídias políticas. São relatos esparsos de emoções que se associam aos episódios narrados e, algumas vezes, parecem influenciá-los.

Ao longo de 1937, o ano do início do affaire, Getúlio negociou com todas as cinco candidaturas[3] que ousaram se apresentar para a eleição direta de janeiro do ano seguinte — e pulverizou cada uma delas. O poder no Brasil passou para as mãos de um único homem, o amante secreto de Aimée.

---

[3] A candidatura de Oswaldo Aranha, então embaixador em Washington, sucumbiu com um incentivo para que ele se enredasse em conspirações infindáveis com os caudilhos gaúchos. A de Flores da Cunha foi sufocada com articulações que lhe garantiram o domínio das forças militares no Sul. A candidatura do governador Antônio Carlos de Andrada não resistiu às traições paroquiais em Minas Gerais. O cordial paraibano José Américo de Almeida, animado com o improvável papel de novo "pai dos pobres", perdeu suas credenciais acusado de esquerdismo. O governador paulista Armando Sales, por fim, não teve eleição presidencial para disputar com o Estado Novo.

6

29 de abril de 1937: "Terminado o expediente, saí à tardinha para um encontro longamente desejado. Um homem no declínio da vida sente-se, num acontecimento destes, como banhado por um raio de sol, despertando energias novas e uma confiança maior para enfrentar o que está por vir. Será que o destino, pela mão de Deus, não me reservará um castigo pela ventura deste dia?".

Era uma quinta-feira, fim de temporada em Petrópolis, quando Getúlio escreveu essa nota antes de dormir. Ele estava só. A família viajava pela Europa, numa missão diplomática que duraria dois meses. Darci e as filhas Alzira e Jandira representavam o presidente na Feira Internacional de Milão e seguiriam em tour pelo circuito Paris, Berlim, Viena e Budapeste. Naquela noite, Aimée e Simões Lopes ocupavam um dos quartos do Palácio Rio Negro.

O envolvimento com a mulher do amigo, nora do velho Idelfonso, fez Getúlio temer por algum castigo divino. Mas, como associava qualquer acontecimento à política, ele comemorou a injeção de novas energias para a batalha "que está por vir". Não há detalhes sobre a ansiada tarde de amor que inaugurou o romance. Este e quase todos os demais 37 encontros foram relatados em notas curtas. O pouco que elas revelam está nas palavras escolhidas por Getúlio para descrever seu grau de satisfação, a intensidade das preocupações do momento, ou as torturantes suspeitas de deslealdades.

As reminiscências de um amante com apetite de se tornar o chefe supremo do país são, contudo, o único registro disponível sobre o que aconteceu entre os dois.

Na volta ao Rio de Janeiro, Getúlio mencionou visitas ao apartamento da rua Barata Ribeiro, endereço das fiscalizações de obras com Fiúza. "Aproveitei sábado e domingo para algumas excursões pelas estradas de rodagem." Darci não demoraria a perceber mudanças na rotina do marido quando voltou da Europa, e no terceiro dia na capital armou uma cena de ciúmes por conta de uma saída mal explicada.

Em julho, no segundo mês de namoro, Getúlio fala de uma crise mais séria: "Um acontecimento infeliz perturbou toda uma luminosa aventura que seria, talvez, uma consoladora despedida da existência". Não explicou os motivos do transtorno — e as hipóteses são múltiplas num relacionamento amoroso como aquele —, mas mergulhou numa onda de angústia jamais demonstrada. Nem nos períodos das revoltas armadas tinha manifestado tamanha hesitação e medo sobre o futuro. A evocação dramática à "despedida da existência", porém, soa estranha quando confrontada com as notas anteriores e posteriores, escritas por um homem cerebral e implacável. O baque do "acontecimento infeliz" é entremeado à narrativa minuciosa da trama urdida contra o ex-confrade Flores da Cunha, o governador gaúcho que ameaçava um levante militar para tomar seu lugar e acabou exilado no Uruguai.

Enquanto não dava jeito na confusão mal explicada, Getúlio passou por duas semanas de "inquietação íntima e irritabilidade reprimida", até que se permitiu ousar: "Renova-se a aventura, beirando um risco de vida, que vale a pena corrê-lo". Parece certo, pela referência ao "risco", que o marido traído ainda não sabia do caso.

O namoro dependia de descuidos na vigilância dos cônjuges, e as oportunidades não respeitavam agendas. Em 18 de setembro, surgiu uma chance para ver Aimée — "criatura que [...] está sendo todo o encanto da minha vida" —, mas Getúlio tinha, antes, audiência marcada com Dutra. O ministro da Guerra já estava ciente do esboço de Constituição escrito pelo jurista Francisco Campos, defensor da ditadura como o regime político das massas ("O povo clama por um César", pregava Campos, apelidado de Chico Ciência). Agora queria entender os próximos passos para a decretação do Estado Novo. Getúlio se jactou de ter resumido tudo que interessava ao ministro numa frase: "[Vai ser] uma revolução de cima para baixo, isto é, desencadeada pelo próprio governo". Dutra ficou satisfeito, e ele pôde correr dali rumo aos carinhos de Aimée, "a luz balsâmica e compensadora dos meus dias atribulados". O presidente escrevia os textos íntimos como um adolescente apaixonado.

Semanas mais tarde, uma sessão romântica matinal com Aimée precedeu o almoço em que traiu Plínio Salgado. Para sossegar o líder fascista até que executasse o golpe em andamento, Getúlio lhe prometeu, entre um prato e outro, o Ministério da Educação e, como sobremesa, garantiu que a Ação Integralista seria uma das bases de um regime antiliberal e antissocialista. Em retribuição, dias depois houve manifestação de apoio ao governo com 20 mil integralistas, de camisas verdes e braços erguidos, gritando "anauê!" em frente ao Palácio Guanabara, a residência oficial da Presidência. Dado o golpe, os integralistas foram postos na clandestinidade e, em menos de um ano, Plínio Salgado seria preso.

Simões Lopes andava atribulado com novas responsabilidades. Nos últimos meses, mais distante das rotinas da chefia de gabinete, trabalhava no projeto de criação do Dasp (Departamento Administrativo do Serviço Público). Tinha sido nomeado presidente de um conselho encarregado de dar alguma lógica ao caótico quadro de servidores federais.

O funcionalismo estava em processo de reorganização, com um novo sistema de carreiras e regras para promoções. Em 28 de outubro, orgulhoso com o andamento da reforma administrativa que comandava, Simões Lopes apresentou ao governo a proposta de criação do Instituto de Aposentadoria. Numa cerimônia rápida, no gabinete presidencial, Getúlio elogiou o trabalho do amigo e deu permissão para que encaminhasse o projeto. Encerrada a solenidade, foi ver Aimée. Nesse dia, ela ganhou o epíteto de "a Bem-Amada".

Na tarde de 9 de novembro, Getúlio estava com Aimée enquanto seus auxiliares o aguardavam ansiosos no Palácio do Catete. A oposição havia denunciado publicamente os preparativos do golpe e os homens de Getúlio concluíram que, com o fim da surpresa, era preciso apressar a decretação do Estado Novo, planejada para o dia 27, aniversário da Intentona Comunista. O presidente só voltou à noite. Logo cedo, na manhã seguinte, reuniu o ministério e os chefes militares, apresentou-lhes a nova Constituição e mandou publicá-la. Os prédios da Câmara e do Senado tinham amanhecido cercados pela polícia. Às oito da noite, em cadeia de rádio, leu a carta magna de Chico Ciência para a nação.[1]

No figurino de déspota assumido, Getúlio mergulhou na paixão. No sexto mês de namoro passou a ter encontros com Aimée uma ou duas vezes por semana. Chegava a lembrá-los como um

---

[1] O Estado Novo, que repetia o nome do regime ditatorial de Oliveira Salazar em Portugal, concentrava o poder no Executivo. Os estados não tinham mais direito a símbolos, escudos e hinos oficiais. Na primeira comemoração do Dia da Bandeira, jovens de branco conduziram em fila indiana as tradicionais flâmulas estaduais para uma pira acesa no "altar da pátria", na praia do Russel, perto de onde hoje é o aterro do Flamengo. O fundo musical estava a cargo do coro orfeônico preparado pelo maestro Villa-Lobos, com 3 mil crianças de uniforme escolar. Uma a uma, as bandeiras levadas pelas jovens foram depositadas sobre as chamas para serem incineradas, em sacrifício ao nacionalismo unitário e indissolúvel que a ditadura Vargas exigia.

item temático de agenda: "Fui ver a Bem-Amada", apenas. A proximidade das festas de fim de ano o incomodava. Não gostava dessa época propícia a demandas particulares, rapapés políticos demorados, compromissos familiares em série e pouco tempo livre. Mesmo assim, em dezembro, o casal de amantes conseguiu estar junto pelo menos cinco vezes, sem contar a noite do baile de aniversário de Darci, no Palácio Guanabara, quando flertaram à distância. "A outra, que veio, era a mais bela flor da festa. Estava elegantíssima." Namoraram na véspera do Natal e acertaram uma despedida antes das festas de ano-novo.

Foi provavelmente nesse embalo febril do romance que Simões Lopes descobriu, em janeiro, a traição. Meticuloso, decidiu se separar, tomando cautelas para restringir ao máximo a repercussão do escândalo. Abandonou a casa e saiu em licença do governo por tempo indeterminado, sem falar pessoalmente com Getúlio. Sua família jamais ficou sabendo das razões da separação, e as tias carolas seguiram admirando e falando bem de Aimée.

No dia 17 de março, a bordo do navio *Neptunia*,[2] rumo à Itália, Simões Lopes escreveu uma carta ao presidente. Agradecia ao "Prezado dr. Getúlio" a hospedagem que tinha mandado lhe oferecer em Petrópolis, "no momento em que, desfeito o meu lar, me vi envolvido em justificada mágoa, como homem de coração que sou". Não há na carta uma só linha cobrando responsabilidades de Getúlio. No fim do texto, ao contrário, manifesta a intenção de continuar no governo. Ele se separara de Aimée, não de Getúlio: "Espero [...] que a viagem me restabeleça e, nesse caso, [estarei] pronto a retomar o trabalho, tanto mais que hoje exerço minhas atividades dentro do regime [político] que sempre aspirei para o Brasil".

2 O *Neptunia* foi afundado pela Marinha britânica três anos depois, quando conduzia tropas de Mussolini para o norte da África.

O presidente não guardou para a posteridade nenhum comentário sobre o episódio ou sobre a reação do amigo ultrajado.

Logo após a separação, Aimée esteve com Getúlio por duas vezes, até perceber que uma onda de mexericos sobre o caso começava a se formar. Decidiu, então, que era melhor se afastar do Rio de Janeiro por uns tempos e viajou para visitar a irmã Vera, ainda morando em Paris. Na véspera do embarque, os amantes passaram algumas horas no apartamento de Copacabana, e Getúlio considerou a despedida "magnífica". Vera, depois do fim do casamento com Ivar, estava apaixonada de novo. Namorava um lorde irlandês de larga tradição familiar e sólido patrimônio financeiro, que apresentou a Aimée.

A ausência da Bem-Amada torturou o presidente por mais de um mês em Petrópolis. Quando soube que ela estava voltando ao Brasil, resolveu descer no mesmo instante para o Rio de Janeiro: "Não sei o que ocorrerá, mas uma alegria secreta e imprudente me conduz. Deus governa e impele as almas como brinquedos", escreveu, inflamado. Na manhã de 15 de março, Fiúza apanhou Getúlio no Palácio Guanabara e o levou ao esconderijo de sempre para reencontrar Aimée. "Ficamos a sós das onze horas às três e meia", anotou. Três dias depois, voltaram ao apartamento. "Estivemos [juntos] das cinco às oito e meia, jantamos, e fui ao Guanabara, de onde regressei a Petrópolis, chegando às onze da noite."

As desavenças matrimoniais haviam se acomodado. Darci mantinha "algumas queixas habituais", de acordo com o marido, mas andava com espírito "afetuoso e conciliador". No fim de março, a família tomava as últimas providências para interromper a estadia em Petrópolis e fazer a tradicional viagem a Poços de Caldas e às estações de águas termais de São Lourenço, onde os aposentos presidenciais contavam com dez quartos. Getúlio entendeu que o clima doméstico era favorável e convidou Aimée para integrar a comitiva.

O problema mais urgente para Getúlio nos primeiros dias da viagem era improvisar um encontro íntimo em Poços de Caldas. Enquanto não arranjava uma situação conveniente, devia manter as dissimulações num nível que já se tornava impraticável. "Estou inquieto e perturbado com a presença daquela que me despertou um sentimento mais forte do que eu poderia esperar." Temia que Aimée se sentisse ofendida por alguma coisa dita, um gesto mal interpretado no recente convívio com sua família. "O local, a vigilância, as tentações que a rodeiam e assediam não permitem falar-lhe, esclarecer situações equívocas e perturbadoras."

Na coleção de fotos da estada em Minas Gerais, estão várias amostras de uma convivência cordial entre Darci e Aimée. Mas há um retrato vertical que parece revelar o que seriam as "situações equívocas e perturbadoras" temidas por Getúlio. Aimée, num canto, sorri e olha para o horizonte. Tem os cabelos presos num penteado moderno, usa camisa branca e saia justa. Na mão esquerda, levemente apoiada num taco de golfe, veste uma luva esportiva de couro claro. No lado oposto, à direita, de mãos na cintura, Alzira, com óculos escuros Ray-Ban tipo aviador e roupas folgadas, também sorri. Entre as duas está o amante/pai, de terno de linho branco, chapéu palheta e sapatos bicolor, com a cabeça voltada para a Bem-Amada. É possível que a fotografia tenha congelado um casual movimento de pescoço de Getúlio que, nem por um segundo sequer, fitou o corpo de Aimée. Mas a óbvia impressão transmitida pela imagem é a caricatura de uma mirada cafajeste, de cima a baixo, sobre a linda amante, na presença da filha.

Para gastar tempo e energia, Getúlio iniciou um tratamento com duchas e massagens e andou a cavalo. Também decidiu se esmerar no golfe, esporte que aprendera com Vera tempos antes e ao qual se apegaria. Jantava com o governador mineiro Benedito Valadares, acompanhante da temporada, e depois se recolhia ao quarto para ler um pouco.

Getúlio não contou nada sobre os arranjos armados para conseguir o reencontro. Mas as condições deviam ser bastante adversas, pois descreveu a primeira oportunidade que apareceu como "um passo arriscado ou uma decepção". Também receava "ser forçado a uma atitude inconveniente", sabe-se lá qual era. "O caminho se bifurca." Depois de tantas dúvidas e expectativas, registrou o cobiçado momento numa nota avarenta, de frase única: "A bondade divina não me abandonou". No dia seguinte, para ter Aimée mais uma vez, admitiu que estava disposto a se arriscar ainda mais.

Levanto-me cedo e vou ao rendez-vous previamente combinado. O encontro deu-se em plena floresta, à margem de uma estrada. Para que um homem de minha idade e da minha posição corresse esse risco, seria preciso que um sentimento muito forte o impelisse. E assim aconteceu. Tudo correu bem. Regressei feliz e satisfeito, sentindo que ela valia esse risco e até maiores.

O "sentimento muito forte" o impelira, inclusive, a tomar cuidados extras, omitidos no diário. O idílio consumou-se perto da estradinha que levava à cascata das Antas, com poucas chances de dar errado. O delegado de Poços, Moacir Vieira Martins, instruído pelos homens de Getúlio, montara uma barreira policial no caminho, para evitar a presença de intrometidos.

A experiência campestre animou o presidente a tirar a tarde para jogar golfe. À noite, contando em ver Aimée mais uma vez, marcou presença num jantar oferecido pelo prefeito. "Compareceram o interventor do estado, que tem me acompanhado assiduamente, altas autoridades, minha família e a alta sociedade aqui residente ou em estação de águas. Ela lá estava, sem contestação, a mais bela de todas."

O círculo de políticos e empresários que visitou Poços de Caldas era familiar a Aimée. Ela não precisava da presença de Getúlio ou de assessores presidenciais para se divertir e participar dos passeios, jantares e eventos sociais. Em ambientes predominantemente masculinos, como mostram as fotos da época, todos os olhares pareciam convergir para sua figura chique e altiva. Num almoço ao ar livre, com convivas expondo diferentes graus de desacerto na combinação de esportividade e elegância, Aimée vestia blusa leve decotada e um blazer curto, de tweed, moda recente em Paris. A condição de descasada atraía homens e afugentava mulheres de seu convívio.

O luxuoso Palace Hotel, que reunia as Thermas Antônio Carlos e o Palace Cassino, estava tomado pelo governo itinerante e pela alta-roda atraída pela temporada de celebrações, bons contatos e negócios promissores. No andar superior do hotel, o jovem banqueiro Walther Moreira Salles, então namorado de Alzira Vargas, ocupava um quarto vizinho ao de Aimée, com vista para a piscina. Ali ele testemunhou uma movimentação que escapara aos diários de Getúlio: a Bem-Amada agora namorava também outro gaúcho, o capitão Nero Moura,[3] piloto do presidente. Numa noite de festa no cassino, Moreira Salles foi surpreendido com Nero Moura se esgueirando da sacada ao lado para a de seu quarto. Getúlio estava batendo à porta e o capitão escapara trançando as pernas pelos umbrais do balcão. O banqueiro, amigo de Aimée por toda a vida, contou[4] que ela atendeu a porta "bocejando, como quem tivesse acabado de acordar".

[3] Na Segunda Guerra Mundial, Nero Moura participou como piloto de 62 missões de combate na Europa. Brigadeiro, foi ministro da Aeronáutica no segundo governo Vargas.   [4] Depoimento ao jornalista Luis Nassif, autor de *Walther Moreira Salles: O banqueiro-embaixador e a construção do Brasil* (São Paulo: Companhia Editora Nacional, 2019).

Nos diários do presidente não há sinais de turbulência. As anotações seguem como um inventário das atividades de cada dia, sem lugar para a voz ou as vontades da amante. Logo depois da mudança para São Lourenço, porém, Getúlio perdia o sono, sem explicar a razão. "À noite, passei aborrecido e quase torturado por um equívoco havido e que perturbou o meu instável equilíbrio sentimental." Dedicou a primeira semana na estação de águas aos afazeres presidenciais e às aulas diárias de golfe. Durante os 28 dias passados em São Lourenço, recebeu quatro ministros, dois generais, três governadores, vários prefeitos e um chefe de polícia (o temido Filinto Müller, em folga do intenso trabalho nas delegacias cariocas). Nesse período, assinou lei proibindo partidos estrangeiros no Brasil, encaminhou a reforma dos impostos sobre o consumo, aprovou o projeto de reestruturação do Exército e nomeou Adhemar de Barros interventor de São Paulo.

A agenda movimentada multiplicou as oportunidades para namorar. "A vinda de um casal permitiu-me o encontro com a Bem-Amada, sofregamente desejado e bem aproveitado. [...] Foi um dia feliz." Sem Simões Lopes por perto, encaixava Aimée entre reuniões com ministros, solenidades, antes dos banhos termais ou depois de um churrasco com os amigos. "A vida se regulariza", escreveu. Os encontros eram a "válvula normal de descarga" para a corrente de "inquietações provocadas por essa paixão alucinante".

Certa noite, Aimée contou a Getúlio que, num jantar na casa de Oswaldo Aranha, no Rio de Janeiro, o namoro deles havia sido comentado. Pela conversa que ouvira ao telefone, o ministro das Relações Exteriores tinha se comprometido, em frente aos convivas, a falar com o presidente. Getúlio não demonstrou a menor preocupação. Sabia que Aranha precisava resolver, antes, um problema familiar mais urgente: a cantora lírica Iolanda Norris estava grávida de um relacionamento extraconjugal com ele.[5] Mas Getúlio não tinha dúvidas de que um segredo como o seu vinha com prazo de validade limitado, e se inquietava. "Sinto que não pode durar muito. Este segredo tem no seu bojo uma ameaça de temporal que pode desabar a cada instante." Os pensamentos sombrios o faziam encarar pequenos desenganos como "pressentimento" do "começo do fim".

O quanto Darci já desconfiava do marido é incerto, e na época havia a suspeita de que tinha ciência do caso e suportava-o. Era uma mulher da fronteira, aferrada às tradições. Aos dezesseis anos se casou com Getúlio apenas no civil, porque ele era positivista e condenava os ritos católicos. Estava com 42 anos e só conseguira realizar o sonho do casamento religioso aos 39, numa cerimônia quase clandestina e de interesse político, pois o presidente precisava melhorar as relações com a Igreja. Darci deixou de ter dúvidas sobre o romance — ou entendeu que o marido passara dos limites — na tarde em que viu Getúlio e Aimée chegando juntos, e muito atrasados, para o treino de golfe. Segundo o diário, a primeira-dama "adoeceu" por uns dias, e logo arrumou as malas para o Rio de Janeiro.

A crise matrimonial provocou uma transformação nos textos deixados por Getúlio. Superada a fase da comoção, nunca mais se vê amostras do medo de perder a amante ou de desespero pela perspectiva da vida sem ela, sentimentos corriqueiros desde o início do caso. O desfecho não era mais dúvida para ele. Ficara sabendo que a Bem-Amada pensava em deixar o país.

---

[5] Oswaldo Aranha, ao contrário do que imaginou Getúlio, não tinha urgência em resolver o assunto. Luís Oswaldo Norris Aranha nasceu em outubro de 1938 e, por muitos anos, sem que a família oficial soubesse, Aranha almoçava na casa de Iolanda, no bairro de Santa Teresa, para ver o filho.

Aimée não tinha mágoas de Getúlio e pela vida toda seguiu admirando-o e torcendo por seu êxito. Os acontecimentos de Minas deixavam clara, porém, a necessidade de reconstruir a vida, o que significava, entre muitas coisas, renovar a relação com os pais, depurar a rede de amigos e inventar outro futuro. Concluiu que era melhor fazer tudo isso na amada Paris do que no Rio de Janeiro.

Enquanto a mudança não ocorria, manteve o romance com Getúlio, sempre na dependência das escapadas viáveis e da intensidade das rusgas dele com Darci. O presidente seguia aproveitando os efeitos que os "momentos felizes" lhe causavam, como "verdadeiras descargas" para as "emoções sofridas e recalcadas". Nessa época, também surgiram fofocas sobre vários namoros dela — jamais admitidos —, sempre envolvendo nomes ilustres.

A Bem-Amada ainda serviu de conforto para Getúlio em outro episódio de emoções fortes. Na madrugada de 11 de maio, vinte e poucos homens fardados como fuzileiros navais cercaram o Palácio Guanabara. Eram os integralistas que voltavam para cobrar a conta pelos acordos não cumpridos no almoço com Plínio Salgado. Com a ajuda de alguns funcionários, o presidente e a família, de armas nas mãos, resistiram à fuzilaria do grupo de assalto durante mais de três horas,[6] até a chegada do ministro da Guerra com reforços. Na manhã seguinte, Getúlio saiu para passear com Dutra, ferido levemente no ataque. Anotou no diário que ele, entre todos os homens de governo, fora o único que, "com o risco da própria vida", tentou salvá-lo. "Dos outros, os que não fugiram, procuraram primeiro garantir-se a si próprios." Depois do almoço com o general, foi

---

[6] Os integralistas não conseguiram invadir o prédio porque esqueceram o arsenal de dinamites e os machados no caminhão que os transportou, estacionado a 150 metros do palácio, na rua Pinheiro Machado.

namorar Aimée. Para ela, que passara os últimos cinco anos na intimidade do poder, o golpe fascista fracassado foi uma despedida do Brasil.

Os amantes acertaram o último encontro íntimo para 29 de maio. Getúlio se exercitou jogando golfe no Clube Itanhangá pela manhã e dali foi para Copacabana, conduzido pelo infalível Fiúza. "Almoçamos juntos e passamos uma tarde deliciosa, toda de encanto, afastando a tristeza de separações. Regressei quase à noite." Dois dias depois, deixou às pressas o casamento da filha Jandira, no Palácio Guanabara, para um rápido adeus à Bem-Amada que embarcava para Paris.

Por mais de uma vez, o ditador retornou à garçonnière deserta e ficou algumas horas a sós por lá. Telefonava com insistência para Paris, tentando aliviar as saudades. Segundo o escritor Lira Neto, autor de três volumes sobre a vida de Getúlio, nas primeiras semanas ele remeteu dinheiro para ajudar Aimée a se estabelecer no exterior. Anos depois, ela negou a familiares que isso tivesse acontecido. Disse que não via razões para Getúlio lhe mandar recursos. "E, se os enviou, para mim jamais chegaram."

No diário, Getúlio voltou a se referir a Aimée, indiretamente, no décimo dia posterior à separação. Estava tratando de substituí-la: "Após as audiências, retiro-me e vou a uma visita galante. Saio um tanto decepcionado. Não tem o mesmo encanto das anteriores. Foi-se o meu amor, e nada se lhe pode aproximar".

O recato de Simões Lopes, que retomou os trabalhos no Dasp e se manteve fiel a Getúlio, eliminou os riscos do escândalo político. Os dois trabalharam juntos até o presidente ser derrubado do poder pelo golpe militar de ex-aliados, em 1945. O grande legado de Simões Lopes foi a criação da Fundação Getulio Vargas, instituição autônoma, dedicada ao estudo e ensino da administração pública e privada, que dirigiu até 1993.

Casou-se com outra prima, Regina Sampaio Quentel, e tiveram quatro filhos.

Um episódio pitoresco, relembrado com humor por Simões Lopes décadas mais tarde, mostra como era o clima de intimidade que os veteranos de 1930 preservaram no Palácio do Catete — especialmente entre os velhos camaradas gaúchos, que o tratavam por Luisinho. Certo dia, contava ele, Oswaldo Aranha recebeu uma circular seca e formal do Dasp, condenando alguns procedimentos administrativos do Ministério. Aranha se abespinhou com a repreensão e devolveu o documento com uma anotação desaforada no canto da página: "Vá à merda, Luisinho". Indignado, Simões Lopes correu para se queixar com o presidente, que fumava charuto na sacada. "Isto é grave", ponderou Getúlio, "mas me responda: o senhor deve alguma subordinação aos ministros?" Simões Lopes respondeu que o Dasp era um órgão autônomo, por lei. "O ministro Aranha o mandou à merda e o senhor foi? Não foi? Então o problema está resolvido, dr. Luís."

7

A mulher fatal não estava sendo expulsa da aldeia para o desamparo merecido. Paris não era o desterro. Não era nem mesmo um salto no escuro: Aimée surpreendeu as más-línguas da sociedade carioca com uma elegante pirueta. Graças à irmã caçula, ganhou a chance de afogar eventuais tristezas num mundo de sonhos, ornado de art déco. Partiu do Brasil com um sentimento amargo, que jamais esqueceria, mas muita vontade de se divertir por uns tempos. Nem imaginava que poderia ser para sempre.

Chegou a Paris um mês antes do casamento de Vera com Randal Arthur Plunkett, o 19º barão de Dunsany, uma das mais antigas linhagens da nobiliarquia irlandesa. Randal nasceu num castelo próximo a Dublin, construído no século XII e até os dias de hoje propriedade da família.[1] Seu pai, Edward John Plunkett, ilustre como Lord Dunsany, foi um romancista pioneiro da literatura fantástica, inspirador e ídolo de J. R. R. Tolkien. Contava histórias sobre elfos.

Com 32 anos, Randal não tinha a boa-pinta de Ivar Bryce e, em várias outras coisas, era o oposto dele. Militar profissional, serviu na cavalaria do Exército da Índia Britânica, promovido

---

[1] O 21º Lord Dunsany, neto de Vera, estuda música, é fã de heavy metal e acabou com as criações de gado nos 1,5 hectare em torno do castelo. Com o mesmo nome do avô, Randal Plunkett, ele comanda um trabalho de recuperação da floresta original. Já plantou 3 mil árvores na área e tornou Dunsany a maior reserva natural privada da Irlanda.

a tenente-coronel. Erudito, versado em história, recebeu educação em Eton, a exemplo de Ivar, mas apreciava diversões menos heterodoxas que ele, se destacando como pescador de trutas e salmões, arrojado jogador de polo da equipe nacional e ótimo atirador. Não perdia as temporadas de caça a cervos-vermelhos nas montanhas selvagens da Irlanda. Era também um homem sociável, com bom olho para objetos bonitos e veleidades de colecionador. Exalava, segundo seus biógrafos, um leve aroma de rapé.

Vera engrenou o romance com Randal no circuito das grandes festas da temporada, meses depois do rompimento com Bryce. Embora eles estivessem decididos a morar no apartamento que já dividiam em Paris, a cerimônia do casamento foi realizada em Londres, em agosto de 1938, com cobertura da imprensa e presença da nobreza britânica. Nos primeiros meses, Aimée foi hospedada pela irmã, até que se instalasse no Hotel Ritz, substituído posteriormente pelo Le Meurice.

A agenda social de Vera era intensa naqueles dias. Bem ambientada às atrações da alta moda, ela saboreava uma fase de renovação de guarda-roupas. Aimée a acompanhava nas compras e revelava uma notável pontaria nas escolhas: no primeiro ano em Paris, foi cliente de pelo menos quatro dos grandes nomes da moda na época. Na *maison* da surrealista Elsa Schiaparelli, escolheu vestidos coloridos e um robe de seda com estampas de borboletas, inspiradas em Salvador Dalí. Selecionou na coleção do jovem espanhol Cristóbal Balenciaga, radicado havia apenas um ano em Paris e ainda lutando por afirmação, um vestido de noite em piquê listrado, modelo hoje considerado uma das criações mais marcantes do mestre espanhol. Também comprou roupas de Augusta Bernard[2] e

---

2 Augusta Bernard desenhava os longos cortados ao viés que foram celebrizados em fotografias de Man Ray.

Madeleine Vionnet.³ Os chapéus de Aimée eram de Caroline Reboux, que criava as peças como uma escultora, moldando-as na cabeça das clientes.

Os figurinos deslumbrantes dessa estreia parisiense podem ser vistos no Museu do FIT (Fashion Institute of Technology) de Nova York como parte da coleção de trezentas peças doadas por Aimée nos anos 1970. Suas primeiras aquisições revelavam um perfil arrojado de consumir a alta-costura, segundo a mestre em história da moda Michelle Kauffmann Benarush, que estudou o acervo em seus tempos de formação no FIT. Aimée não aderia a um único costureiro, como o usual, nem se limitava a seguir as recomendações das revistas. Confiava no próprio gosto para escolher e tinha olhar apurado. Benarush analisou pessoalmente 84 peças de roupa e 27 acessórios da coleção: "Seu acervo nos mostra um estilo destemido e curioso, de alguém que se divertia com a moda, usando-a para expressar suas várias personas".

O rápido envolvimento com a moda e a elite europeia daqueles tempos foi testemunhado por Bettina Ballard, editora da *Vogue* de Paris. Ela conheceu Aimée frequentando a *maison* Chanel, no célebre endereço da Rue Cambon, 31. Ali era o centro de tudo. Coco Chanel, a genial criadora da "simplicidade brilhante", comandava um império que já incluía a produção das joias com os dois Cs entrelaçados e o Chanel Nº 5, o aldeído que enfeitiçou o mundo mimetizando o frescor de um campo de rosas. Aimée falava bem francês, era agradável e inteligente e parecia perfeitamente enturmada com as amigas de Chanel. Ballard contou em suas memórias

---

3 Madeleine Vionnet é considerada uma das grandes mestras nas técnicas de corte. Purista, desenhava modelos esvoaçantes com caimentos que acompanhavam as curvas das mulheres. Era uma das preferidas das estrelas de cinema.

que a "exótica beleza brasileira" passava os dias às voltas com provas de roupas e festas black tie, como se estivesse interessada apenas em dançar, flertar e se divertir.

Com certeza ela ainda pagava pelas roupas que vestia, mas não demoraria a ingressar no clube das damas disputadas pelos estilistas para exibir suas criações nas melhores festas da estação — e depois vê-las estampadas nas páginas das revistas de moda. A *Vogue* americana registrou o repentino sucesso de Aimée em Paris ainda em 1939. "Mme. Lopes, a nova beleza brasileira", dizia a legenda da fotografia, tirada no que parece ser a mesa de um restaurante. Ela usava um imenso e audacioso chapéu de veludo de seda e plumas de avestruz (pretas e rosa), assinado pela chapelaria Reboux.

Aimée sempre desconversou sobre os namoros, mas não há dúvidas de que nessa época foi febrilmente cortejada pelo duque de Westminster, o homem mais rico da Inglaterra, ex-amante de Coco Chanel. Hugh Richard Grosvenor era conhecido como Bendor, apelido que ganhou em homenagem a um garanhão do haras da família. Órfão de pai ainda menino, herdara sozinho, quando tinha apenas vinte anos, a imensa fortuna do avô. Um de seus amigos o descreveu assim: "É um cara gentil e bem-humorado como um cão terra-nova. Muito afeito a divertimentos e esportes violentos, com cavalos, carros e senhoras". A dedicação e as artimanhas do duque de Westminster para conquistar a mulher desejada eram lendárias. Enquanto cortejava Chanel, mandou-lhe joias em meio a buquês de flores, caixas de chapéu e até numa singela cesta de legumes que encobriam uma grande esmeralda bruta numa caixa de veludo.

Bendor, que estava casado pela terceira vez, presenteou Aimée com uma joia especial, um broche da coleção da imperatriz Eugénie de Montijo, mulher de Napoleão III. Décadas mais tarde, quando cedeu o broche para uma exposição dos tesouros de Eugénie em Biarritz,[4] Aimée foi maliciosamente questionada por uma repórter de revista sobre a razão de ter recebido o valioso mimo do duque. "Você sabe que Bendor era como uma criança, adorava fazer os amigos felizes", ela respondeu. "Levou meses para encontrar essas joias da imperatriz e, absolutamente, queria que eu usasse. Ele ficaria muito triste se eu tivesse recusado." Bendor era, de fato, um sujeito desapegado. Numa crise no romance de mais de dez anos com Chanel, convidou-a a bordo do *Flying Cloud*, o iate de casco negro e deque de madeira branca, que deixava ancorado perto de Cannes, com quarenta tripulantes embarcados. Pretendia se desculpar por uma traição e recepcionou a amante com um colar de pérolas. Chanel, que sabia se fazer de desapegada, examinou a joia, encarou Bendor, abriu as mãos e deixou o colar deslizar para o mar.

Em maio, no começo da alta estação, Aimée se surpreendeu com a série de convites para bailes, garden parties e coquetéis que estava recebendo. "Todas as anfitriãs queriam-na em suas festas para provar que elas poderiam arrastar a nova celebridade para dentro de suas casas", relembrou Ballard. Aimée começou a descobrir ali que declinar de alguns convites a tornava ainda mais desejada. Vera já não a acompanhava nas festas. Estava grávida e, como convinha a uma Plunkett, futura baronesa, se mudara para ter o bebê no castelo da Irlanda.

---

[4] A exposição das joias que pertenceram à princesa Eugénie, considerada a matriarca de Biarritz, foi aberta em dezembro de 1989. O broche de esmeraldas de Aimée foi exibido ao lado de três broches de safira cedidos pelo barão Johannes Thurn und Taxis. Na ocasião, aparentemente sossegado com as origens medievais da fortuna de sua família, o barão fez uma chacota de mau gosto: "Minha coleção de joias é incrível, mas levou quinhentos anos para a família construir. A de Aimée é ainda mais espetacular, pois foi feita em poucos anos sem que ela precisasse pagar um centavo".

Em apenas um ano, Aimée, com a ajuda decisiva da irmã, chegava às portas de um mundo exclusivo e tradicional, de signos próprios e regras de acesso intrincadas, construídas ao longo do tempo por camadas de preconceitos, privilégios e apurado gosto pela boa vida.

8

Pouco antes das 22 horas de 1º de julho de 1939, numa noite fresca de lua cheia, os portões da Villa Trianon foram abertos para setecentos convidados em trajes de gala. As mulheres usavam casacos de pele sobre vestidos de alça recém-saídos da imaginação dos costureiros famosos; os homens, de gravatas brancas, se protegiam com sobrecasacas. Mesmo para padrões parisienses, era impressionante a concentração de milionários, princesas, marquesas, condessas, diplomatas, políticos, artistas, figurões de Hollywood, escritores e dramaturgos. Os convidados foram recepcionados por pajens de luvas brancas e conduzidos pelo corredor arborizado do jardim inglês até o casarão neoclássico.

Aimée Lopes, que ainda adotava o sobrenome do ex-marido, estava entre as celebridades selecionadas pela mais extravagante anfitriã de Paris, Elsie de Wolfe. A alta temporada fora uma sucessão de festas feéricas e, antes que os magnatas começassem a fugir do calor da cidade rumo aos paraísos da costa francesa, Elsie oferecia como *grand finale* um baile de inspiração circense, o Bal-Cirque. "Se não houver guerra", escreveu ao pé dos convites. (Semanas antes, a Itália invadira a Albânia; um ano atrás, a Alemanha havia anexado a Áustria e parte da Tchecoslováquia.)

Elsie era conhecida como Lady Mendl desde que se separara da namorada famosa, a produtora teatral Elisabeth Marbury, para acertar um casamento de conveniências — e isenções tributárias — com Sir Charles Mendl, diplomata britânico, bonachão, festeiro e insolvente. A revista *Vogue* a enaltecia como "personagem quase lendária". A *New Yorker* se referia a Elsie como "um monstro da frivolidade". Cecil Beaton, o fotógrafo de moda que ganharia um Oscar como figurinista de *My Fair Lady*, não perdia uma festa da amiga: "Ela é o tipo de criatura artificial descontroladamente grotesca que eu adoro". Lady Mendl se tornou sinônimo de bom gosto e diversões amalucadas até em músicas de Irving Berlin[1] e Cole Porter.[2]

Vizinha ao Palácio de Versalhes, a Villa Trianon, comprada de nobres falidos no início do século, era o principal emblema da fortuna acumulada por Elsie ao longo da carreira como decoradora predileta dos milionários.[3] Fazia um ano que ela dividia a propriedade com o industrial francês Paul-Louis Weiller, amigo e mecenas, que financiou a redecoração da Villa para a festa. O salão de danças ganhou pista nova, importada de Londres. Tecidos de algodão pintado (chintz inglês) de listras verdes e brancas cobriram as paredes do

[1] Na canção "Harlem on my Mind", Irving Berlin se refere à carreira de Elsie de Wolfe como decoradora em Nova York. A letra fala de uma cantora de sucesso que não consegue tirar o velho bairro negro da cabeça: "Eu me tornei muito refinada/ E à noite odeio descer/ Do apartamento de alto padrão que Lady Mendl projetou/ Com o Harlem em minha mente".
[2] Cole Porter cita Elsie na saltitante "Anything Goes", que celebra os "anos loucos". Porter lembra da entrada triunfal de Elsie, aos saltos, numa festa diplomática: "É aquela Lady Mendl se levantando/ Agora vira uma cambalhota/ Pousando na ponta dos pés/ Vale tudo". [3] Elsie foi quem inventou o design de interiores como profissão, a partir do mercado nova-iorquino. Com mistura de estilos e predileção por ambientes inteiramente beges, aliviou as casas dos magnatas americanos dos excessos vitorianos e da obrigatoriedade do mobiliário referente a uma única época histórica. Tinha o jeito e a linguagem desaforada dos barões da indústria que pagavam por seus projetos. Sempre que jovens decoradores lhe pediam um conselho, não hesitava: "Arrume um cliente rico". O dela era Henry Frick, o rei do aço e da construção em Nova York. Como decoradora em Paris, Elsie rivalizava com Jean-Michel Frank, o predileto da nobreza.

pavilhão, na mesma padronagem das lonas dos quiosques espalhados pelo jardim e do teto do bar circular, construído sob uma árvore imponente.

O vestido branco escolhido por Aimée para usar na festa era uma aposta de bom gosto, desenhado por um jovem estilista da *maison* Robert Piguet: Christian Dior. Como complemento, selecionou um magnífico colar de Suzanne Belperron, a designer de joias que por muitos anos seria sua favorita, e um bracelete de brilhantes. Sobre os cabelos fartos e cacheados, acomodou um arranjo de gardênias semelhante ao que Coco Chanel costumava usar.

"Aimée carregava a alegria como quem carrega um leque", descreveu Bettina Ballard, a editora da *Vogue*. "Ela já era cultuada e sabia disso." Sua entrada na Villa foi saudada por Christian Dior, orgulhoso com a visão da linda figura trajando o vestido branco que criara. Ela dividia a mesa com o ator e produtor Douglas Fairbanks[4] e sua nova esposa, Lady Sylvia Ashley. "Era tão linda, tão genuinamente agradável e exuberante, coberta de diamantes [...]. Foi praticamente comida viva", relembrou Ballard.

Comparados ao Bal-Cirque, os bailes do Palácio Guanabara que frequentara dois antes não passavam de quermesses de ginásio. Outros modos, conversas, sotaques, outro teto para a riqueza e as ousadias. Naquela noite, no salão mais iluminado da Cidade Luz, ela não precisava se esquivar nas sombras, policiar o olhar ou dissimular paixões. Entre os convivas, estavam Arnaldo Guinle, dono do Copacabana Palace e cartola do Fluminense, e Isabel de Orleans e Bragança, neta francesa da princesa Isabel — mas os constrangimentos sociais brasileiros viravam passado. "Eu olho para a frente, para não tropeçar", dizia.

A paisagem humana do baile era curiosamente diversificada para tempos extremados como aqueles, com mudanças

---

4 Douglas Fairbanks morreu de ataque cardíaco cinco meses depois.

no mapa da Europa e cheiro de guerra no ar. Wallis Simpson, a duquesa de Windsor, via no caldeamento chique da festa um toque da genialidade de Elsie: "Ela mistura as pessoas como um coquetel!". A fórmula clássica equilibrava doses de três requisitos — dinheiro, talento e beleza —, mas, dessa vez, a anfitriã tinha mixado visões de mundo em choque, não apenas estilos. O sorridente barão austríaco Louis Nathaniel de Rothschild, que recepcionava no salão principal a atriz Hedy Lamarr, acabara de ser libertado pelos alemães em Viena, onde cumprira um ano de prisão domiciliar.[5] O soturno príncipe Paulo da Iugoslávia,[6] suspeito de ser admirador de Hitler, flanava entre as mesas um mês depois de ter transferido as reservas de ouro do país para Londres como prova de que seu coração, na verdade, era britânico. Entre intelectuais e artistas presentes, circulavam a escritora Ève Curie,[7] militante de causas humanistas, e o notório antissemita Serge Lifar, o bailarino ucraniano que dirigia com mão de ferro o balé do Opéra.

Naquela noite, divertiam-se lado a lado artistas libertários e políticos de extrema direita; nazistas e judeus. Intelectuais parolavam com monumentos da futilidade terrena, e homens às voltas com o destino de nações trocavam gentilezas com homens que tomavam providências práticas para preservar seu dinheiro antes da tormenta. Só era improvável encontrar uma Maria Antonieta

---

5 Logo após a anexação da Áustria pela Alemanha, em março de 1938, o barão foi preso pelos nazistas no aeroporto, quando deixava o país. Louis Nathaniel de Rothschild era dono do banco Creditanstalt e de indústrias na Áustria. Ficou detido no Hotel Metropole, de Viena, enquanto os nazistas tratavam de expropriar os negócios da família. Foi solto depois de muitas negociações diplomáticas e do pagamento da vultosa fiança de 21 milhões de dólares.
6 O príncipe Paulo da Iugoslávia era regente do trono desde 1934, quando seu primo, o rei Alexandre I, fora assassinado por um revolucionário búlgaro em Marselha. Ele aguardava a maioridade do primo, o príncipe Pedro.
7 Filha da física e química polonesa Marie Curie.

por ali: a própria Elsie providenciava a blindagem de sua fortuna e já encaixotara as obras de arte do apartamento parisiense.

Aparentemente, vivia-se um tempo de prosperidade e frescor. As festas à fantasia e os bailes de máscaras seguiam luxuosos; as joalherias, as galerias de arte e as butiques de moda faturavam como nunca; a ópera, o balé e o teatro passavam por momentos criativos; e as boates grã-finas tinham sempre um novo show para estrear. Aimée brilhava no centro de uma elite decidida a não permitir que o mundo real se intrometesse em suas diversões. O historiador Olivier Bernier captou esse momento:

> Os parisienses da classe alta [...] não apenas se recusaram a ver a desgraça e a feiura que cada vez mais os cercavam [...]. Fizeram o possível para ignorar a depressão na primeira metade da década e agora não viam nenhuma razão pela qual não pudessem ignorar a ameaça nazista.

Para muitos notáveis do Bal-Cirque isso não era ameaça, mas esperança. Um antissemitismo agressivo impregnava a imprensa, as artes e a literatura francesa. O escritor Louis-Ferdinand Céline publicava panfletos contra os judeus que estavam por todas as partes como "vermes persuasivos". "Não quero ir à guerra em nome de Hitler, mas também não desejo combatê-lo em nome dos judeus", escreveu. Ligas de extrema direita como a Croix-de-Feu dominavam a Sorbonne. O novo namorado de Chanel era Hans Günther von Dincklage, diplomata alemão ligado aos serviços de inteligência (depois da guerra ela foi acusada de espionagem). O ex-namorado, Bendor, duque de Westminster, tentava convencer o amigo Churchill a ser mais compreensivo com o avanço nazista.

Dezenas de diplomatas, entre eles o brasileiro Luís Martins de Souza Dantas, passaram pela festa. O pequeno e elegante Georges Bonnet, ministro de Relações Exteriores da

França, que achava possível acomodar as ambições germânicas, tinha à sua volta os embaixadores da Alemanha (Johannes von Welczeck) e da Grã-Bretanha (Eric Phipps). De uma poltrona um pouco mais afastada, o trio era observado pelo tarimbado embaixador americano William Bullitt, o homem que negociara a paz com os bolcheviques e se tornara, na era Stálin, o primeiro representante dos Estados Unidos na União Soviética.

No entanto, quase ninguém gastou tempo com a tensa ala dos diplomatas. Em qualquer canto havia muito mais diversão e, sobre as mesas, garrafas de champanhe gelavam em baldes de prata. Aimée gostava de memorizar safras de vinhos e champanhes, mas não bebia. "Álcool e cigarro estragam a pele", dizia. Ela se divertia, sem aditivos, ao lado de Coco Chanel e de socialites bombásticas e lendárias como Mona von Bismarck e a princesa Baba de Faucigny-Lucinge. Uma ala hollywoodiana estava ao alcance de um brinde: Darryl Zanuck, o dono da 20th Century Fox, e estrelas como Marlene Dietrich e Mary Pickford, entre outras atrizes de cinema. Todos sob o olhar vigilante da temida colunista de fofocas Elsa Maxwell.

As atrações que a anfitriã imaginara para a festa desafiaram a habilidade logística e as boas relações de Paul-Louis Weiller. Elsie lamentou que os quatro elefantes contratados para a abertura do espetáculo circense à meia-noite não tivessem chegado a tempo, apesar dos esforços do mecenas. Mas a falha foi compensada no picadeiro montado ao lado direito do pavilhão de danças pelo show de adestramento de quatro cavalos da raça Lipizzan enfeitados com arreios de joias. Na sequência, Weiller apresentou um desfile de pôneis, circulando com os animais pela arena de braços dados com Elsie. Ela usava uma solene capa de seda azul sobre o vestido Mainbocher[8] de chiffon bege, bor-

---

[8] Marca do costureiro Main Rousseau Bocher, primeiro grande estilista norte-americano.

dado de borboletas prateadas. Sobre a cabeça, uma tiara Cartier semelhante a uma coroa e, no pescoço, duas voltas de um colar de diamantes e águas-marinhas. Seguiram-se números de cachorros amestrados, acrobatas, palhaços, uma orquestra folclórica austríaca só de mulheres e uma banda cigana. Como havia esfriado bastante, a plateia em volta da arena tratou de recuperar os casacos de pele e abrigos para se aquecer. O banqueiro e colecionador de arte Maurice de Rothschild, com as pernas enroladas no sobretudo, foi fotografado divertindo-se com a apresentação dos palhaços.

Depois do circo, os convidados passaram ao salão de baile, animado pela orquestra do clarinetista e saxofonista Willie Lewis, que havia cinco anos fazia sucesso no *hot spot* Chez Florence, na badalada Rue Blanche. Era um grupo de onze respeitáveis instrumentistas[9] já bem curtidos em espeluncas do Harlem e orquestras famosas do jazz. Ao ritmo de temas como "Ti-Pi-Tin" ou "Happy Feet", eles faziam qualquer plateia do mundo saltitar. Chacoalhavam na pista sobrenomes como Vanderbilt, Patiño, Montgomery, Brownlow e Polignac. A condessa Louisa von Welczeck, filha do embaixador alemão, requebrava até o chão com um conde húngaro. A festa só terminou às cinco da manhã.

O livro *Elsie de Wolfe's Paris: Frivolity Before the Storm* [A Paris de Elsie de Wolfe: Frivolidade antes da tempestade], do historiador cultural Charlie Scheips, recuperou os bastidores da produção do Bal-Cirque, resgatando um tempo perdido, quando "homens de gravata branca e mulheres em trajes de noite viam a ocasião de um baile como uma expressão

---

9 Em 1941, Willie Lewis gravou um disco com 24 músicas do repertório da banda na época. Os seguintes músicos participaram da gravação: Willie Lewis (sax alto e clarinete), Louis Bacon (trompete), Henry Mason (trompete), Johnny Russell (sax tenor e clarinete), Denis Chappelet (sax tenor), Ernest Höllerhagen (clarinete e sax alto), Billy Burns (trombone), Alfred Siegrist (piano), Peter Angst (guitarra), June Cole (baixo) e Tommy Benford (bateria).

de sofisticação e um meio de confirmarem a existência de uma vida civilizada". Eram intenções demasiado otimistas para o mundo de 1939. Em setembro, a Alemanha invadiu a Polônia. Um ano depois da folia, os tanques nazistas já tinham tomado Paris sem disparar um tiro. O Bal-Cirque entrou para a história como o último baile parisiense antes da ocupação alemã.

A celebração de fim de temporada desfrutada por Aimée fechou uma era. Convivas que na madrugada da folia escoraram o champanhe e os drinques com omeletes e pratos de *corned beef hash*[10] preparados pelos cozinheiros da Villa Trianon agora caçavam uns aos outros. Weiller foi apanhado pelos alemães quando tentava fugir do país. O príncipe Paulo da Iugoslávia, deposto do trono, foi isolado pelos ingleses no Quênia, acusado de traição. Elsie se esgueirou de carro pelos Pirineus com o marido e alugou uma casa na Califórnia, pedindo apenas que replantassem palmeiras altas no jardim, pois não teria mais tempo de vê-las crescer. Maurice de Rothschild abrigou-se na Escócia, sem boa parte da fortuna, expropriada na França. Ève Curie juntou-se às forças da França Livre de De Gaulle na Inglaterra e depois foi correspondente de guerra na África, na União Soviética e na Ásia. Na Paris ocupada, Serge Lifar estreava coreografias no Opéra[11] com o salário triplicado pelos alemães. A *Vogue* cerrou as portas das quatro salas que ocupava na avenida Champs-Élysées e Bettina Ballard foi servir à Cruz Vermelha. Coco Chanel, com a *maison* desativada, agora se encontrava com o namorado-espião no Hotel Ritz, coalhado de nazistas. Georges Bonnet, o ministro francês que Churchill descrevia como "a quintessência do derrotismo", se tornara colaboracionista. Von Welczek, o pai da dançarina animada,

---

10 Equivalente ao picadinho boêmio da madrugada: lascas de carne curada misturadas com cebola picada e batatas fritas.   11 Lifar lançou quinze coreografias no Opéra entre 1940 e 1944.

perdeu o posto de embaixador para Otto Abetz, ex-professor de arte, que assumiu a responsabilidade pelos negócios e acordos com a França ocupada. Também cumpria outras duas tarefas importantes: confiscar obras dos museus franceses e preparar as listas de judeus para enviar aos campos de extermínio na Polônia. O embaixador Luís Martins de Souza Dantas[12] passava seus dias salvando vidas e concedendo vistos brasileiros a centenas de perseguidos.

O último endereço de Aimée em Paris tinha sido o Hotel Le Meurice, no número 228 da Rue de Rivoli, entre a Place de la Concorde e o Louvre, o preferido também pelos financistas ingleses. Agora os quartos do hotel, com vista para o Jardim das Tulherias, do outro lado da rua, estavam tomados pelos homens de Hitler, e havia uma suástica pendurada na fachada. Em 1944, o general Dietrich von Choltitz, governador militar de Paris, escolheu o Le Meurice como quartel-general.

No Brasil, na noite em que acontecia o Bal-Cirque, Getúlio Vargas comia churrasco na fazenda de um amigo, em Petrópolis. Julho de 1939 foi um mês moroso para ele, de expedientes longos, pilhas de despachos, cerimônias enfadonhas e raros momentos felizes. Estava melancólico até no casamento da filha Alzira com Ernani do Amaral Peixoto. "Bem falta ela vai me fazer, mas eu nada digo", escreveu no diário.

No dia 4, convocou o Conselho de Segurança Nacional para discutir a guerra europeia que parecia inevitável. No fim do mês, ocupou o camarote presidencial, à direita do palco do Theatro Municipal, para prestigiar a estreia de um espetáculo

---

[12] Luís Martins de Souza Dantas ajudou cerca de oitocentas pessoas a fugir da Europa. Foi advertido pelo Itamaraty, perseguido por Getúlio Vargas e passou catorze meses numa prisão nazista. O Instituto do Museu do Holocausto em Jerusalém lhe concedeu o título de "Justo entre as Nações".

cultural que reunia o poder e o luxo da capital. Era o acontecimento do ano.

"28 de julho — [...] Fui ao teatro assistir à revista *Joujoux e balangandans*, levada por amadores em benefício da assistência social e promovida pela Darci."

O espetáculo juntou duas multidões: uma nas coxias, com 280 artistas amadores colhidos na alta sociedade para representar esquetes teatrais; outra na plateia, com todos os ingressos vendidos e reapresentações garantidas. Mais de cem músicos das orquestras das rádios Mayrink Veiga e Nacional tocaram composições de Lamartine Babo, Ary Barroso, Dorival Caymmi e Mário Reis, entre outros. Radamés Gnatalli apresentou *Fantasia brasileira*, para piano e orquestra, e Ary Barroso mostrou pela primeira vez ao público sua "Aquarela do Brasil", na voz apaixonada do cantor paulista Cândido Botelho, de família quatrocentona. Darci Vargas era responsável pela "idealização e produção" da revista, com a renda destinada às obras da Cidade das Meninas e da Casa do Pequeno Jornaleiro.

"Regressando do espetáculo, ainda fui trabalhar, despachando o resto do expediente do dia", escreveu Getúlio.

9

Lord Dunsany, o inspirador de *O senhor dos anéis*, escreveu seu mais famoso livro no escritório que ficava numa das torres do castelo da família Plunkett, no condado de Meath, ao leste da Irlanda. Publicado em 1924, *A filha do rei de Elfland* conta a história de uma princesa elfo, Lirazel, que não se adaptou ao mundo dos mortais. Ela se apaixonou por Alveric, um jovem enviado à terra dos elfos para arranjar esposa e gerar um filho que unisse sabedoria e magia para governar Erl, o povoado do velho pai. No fim da história, Lirazel abandona Alveric e foge de volta para as "terras da fronteira do outro lado do crepúsculo". Não se acostumara aos rituais cristãos, às entediantes preocupações mundanas e, sobretudo, ao efeito do tempo sobre os humanos, que não eram imunes à velhice e à doença, ao contrário dela. Lord Dunsany ainda morava no castelo quando Vera decidiu fugir dali de qualquer jeito.

Na origem, a construção medieval dos Plunkett[1] era uma fortaleza — um impressionante bloco de pedras com quatro torres, em meio ao jardim murado de 1,5 hectare. Para além dos muros, a paisagem enevoada dos campos, pântanos e florestas do "condado real". Meath é o coração da mitologia irlandesa, a região dos sítios arqueológicos; da colina Tara, onde

---

[1] A capela histórica do castelo de Dunsany foi cenário de cenas de *Coração valente*, de Mel Gibson. Fazia as vezes da abadia de Westminster no casamento do príncipe inglês, no início do filme.

reis lendários eram coroados por druidas; dos povoados que, pela primeira vez na ilha, ouviram a pregação de são Patrício. Para Vera, o castelo ainda parecia uma prisão. Já tinha deixado isso claro aos Plunkett e pedia apoio à família brasileira para partir da Irlanda com seu bebê.

Edward John Carlos Plunkett, vigésimo barão de Dunsany, nasceu em setembro de 1939, dois meses depois do Bal-Cirque. No ano seguinte, o pai se reapresentou ao Exército inglês e foi enviado para lutar no Paquistão, transferido mais tarde para o Norte da África. Com Randal distante, Vera reclamava de frio e solidão. Sobravam empregados domésticos para servi-la e ajudá-la com a criança, mas sua relação familiar era problemática. Passava a maior parte dos dias e noites no imenso quarto no terceiro andar e praticamente só encontrava os Plunkett durante as refeições solenes no salão principal do térreo. Os avós não concordavam que o bebê se afastasse de Dunsany e tentavam convencer Vera a ficar.

Aimée continuava em Paris, mas, como outros convivas do Bal-Cirque, preparava a mudança para Nova York. Quando a França declarou guerra à Alemanha, em resposta à invasão da Polônia, foi registrado um engarrafamento de Rolls-Royces na ponte da vila de Saint-Jean-de-Luz, que liga Biarritz à Espanha. Os carrões, abarrotados de milionários, seguidos de camionetas abarrotadas de baús Vuitton, tomavam o rumo de Portugal, onde havia disputas acirradas para embarcar num voo de 26 horas até Nova York. O assento num hidroavião Boeing 314 da Pan American estava cotado a 425 dólares (cerca de 9660 dólares atuais) em Lisboa. Elsie de Wolfe e Sir Charles Mendl compraram dois desses.

Paris ficara às moscas. Nos primeiros dias, as estações de metrô viraram abrigos antiaéreos, os estoques de máscaras antigás se esgotaram e a todo instante a cidade sofria ataques de testes de sirenes. A Hermès e a Lanvin fabricaram maletas de couro requintadas para os cidadãos carregarem suas máscaras protetoras. Numa operação de urgência, 3691 quadros do Louvre foram levados para esconderijos. Toda essa precaução, porém, durou poucas semanas. Os parisienses se convenceram de que a guerra não chegaria até eles, bloqueada por intransponíveis linhas de defesa do Exército francês. Falava-se em "guerra de mentira" e, no fim de abril do ano seguinte, cinco meses antes do desfile dos tanques alemães, 105 cinemas, 25 teatros, catorze casas de espetáculos e 21 cabarés já tinham voltado a funcionar na cidade.

Com Vera reclamando da "prisão" irlandesa e Aimée precisando fugir da guerra, Julieta armou com as filhas uma missão de resgate. Aimée já contava com um apartamento na Park Avenue, alugado por amigos de Nova York, e Vera avisou aos Plunkett que a mãe estava chegando para auxiliá-la na mudança. Apesar da resistência, Julieta, Vera e Edward embarcaram de Dublin para Bordeaux. Aimée recebeu a família em Paris, com a mudança para os Estados Unidos já acertada.

A fuga da França é um dos episódios que Aimée guardou em brumas. Para sempre, seria um assunto pouco comentado mesmo com familiares. Entre os raros relatos que chegaram aos dias de hoje sobre a aventura da debandada europeia, algumas versões acrescentam mistérios dignos de Mata Hari e nomes de supostos patrocinadores da empreitada, mas são histórias pouco críveis na trajetória das três mulheres Sotto Maior de Sá. Vera e Edward[2] ficaram por menos de um ano nos Estados Unidos e voltaram ao Brasil com Julieta, que morreria pouco depois no Rio de Janeiro, aos 56 anos.

Uma lenda familiar diz que Aimée e Vera, logo que chegaram a Nova York, precisaram mobiliar o apartamento da Park

---

[2] Randal pediu o divórcio de Vera logo que voltou da guerra. Os documentos do processo foram concluídos em 1947.

Avenue com almofadas espalhadas por todas as peças — mas, depois de uma semana, já tinham um dos endereços mais cobiçados pela alta sociedade local. Aimée contava com amizades preciosas na cidade e bons contatos nas revistas de moda. Não demorou para aparecer nas páginas da *Vogue* americana exibindo um vestido vermelho da coleção primavera-verão de Robert Piguet. A belíssima dama, recém-chegada de Paris com um farto guarda-roupa, apresentava novidades que as americanas ricas passariam anos sem poder importar por causa da guerra. Com o tempo, Aimée também prestigiou estilistas locais como Gilbert Adrian, ex-figurinista da Metro-Goldwyn-Mayer.

Na alta-roda, uma de suas principais aliadas era Doris Duke, filha única do magnata do tabaco e da energia elétrica James Buchanan Duke. Também iniciou outra duradoura relação com Rose Fitzgerald, a matriarca dos Kennedy, e foi amiga de seu filho mais velho, Joe Jr., que morreria em ação na Segunda Guerra como piloto de bombardeio. Os Kennedy passavam as férias na mansão à beira-mar em Palm Beach, famosa, anos depois, como a "Casa Branca de Inverno". Foi ali, na ensolarada costa sul da Flórida, que Aimée conheceu o segundo marido.

Rodman de Heeren tinha 32 anos. Sua família era proprietária de Louwana, uma vila à beira-mar, vizinha à dos Kennedy. Com origem espanhola e cidadania americana, ele nasceu na Île Saint-Louis, em Paris, filho do conde Arturo de Heeren, embaixador da Espanha na França, e da milionária americana Fernanda Wanamaker, herdeira da maior loja de departamentos dos Estados Unidos. Arturo descendia de um nobre espanhol, de origem germânica; Fernanda, do fundador da pioneira rede Wanamaker, que ensinou os americanos a comprar numa mesma loja roupas, louças, móveis, equipamentos domésticos, pneus e bugigangas. Rodman, conhecido como Roddy, cresceu em San Sebastián, no País Basco espanhol, para onde se mudaram depois de Arturo deixar a embaixada parisiense. Era um jovem de estatura baixa, atlético, interessado em touradas e na cultura ibérica. Amava a música flamenca e aprendeu a tocar guitarra cigana. Aos 23 anos, abandonou a Espanha paterna para estudar em Princeton, onde se formou, optando pela cidadania americana.

Divorciada de Arturo, Fernanda vivia em Nova York com o segundo marido, o magnata das finanças Ector Orr Munn. O casamento tinha proporcionado uma descomunal união de fortunas. Moravam na mansão Wanamaker-Munn, uma *townhouse* de seis andares, construída em 1919, no coração de Nova York, e passavam longas temporadas em Paris. Fernanda foi uma das mais célebres socialites americanas nas primeiras décadas do século XX, amiga de Elsie de Wolfe e patrocinadora de campanhas filantrópicas e patrióticas. Ela não aprovava o namoro do filho com Aimée, que considerava arrivista. Apesar das restrições e implicâncias familiares, eles se casaram em 1941 e foram morar numa das alas da Wanamaker-Munn.

O primeiro ano foi glorioso para a flamante Madame de Heeren. Aimée estava nas colunas sociais e até em páginas de publicidade, como modelo da Pond's. A indústria de cosméticos lançara um novo produto, a 1-Minute Mask, alardeando que, na moda, não interessavam as nacionalidades: "Mulheres de todo o mundo dividem o mesmo sentimento de culto à beleza". A foto de Aimée no anúncio vinha acompanhada do agradecimento ao "adorável e rápido efeito" da 1-Minute Mask em sua pele. A legenda de identificação, abaixo, informava: "Aimée de Heeren, agora ativa na sociedade diplomática de Washington". Uma qualificação incomum, pois em geral ela era referida apenas como uma beldade brasileira, mulher do herdeiro da Wanamaker. Sobre o passado, algumas vezes aparecia a referência de que havia sido casada anteriormente com o "braço direito do ditador brasileiro Getúlio Vargas".

Em janeiro de 1942, a revista *Time* a elegeu uma das dez mulheres mais bem-vestidas do ano anterior. A duquesa de Windsor estava, pela primeira vez, no topo do ranking. Em segundo, empatadas, a socialite Thelma Chrysler Foy, filha do dono da montadora americana,[3] e "Babe" Cushing Paley, que se tornaria a musa de Truman Capote. Aimée de Heeren vinha em seguida. Deixara para trás damas que haviam brilhado nas listas dos anos anteriores, como Eleanor Roosevelt, a mulher do presidente (presença inusitada, pois não era famosa pela elegância), e a atriz Rosalind Russell, estrela de *Jejum de amor* com Cary Grant.

Cristina, a filha de Aimée e Rodman, nasceu em 1943. A bilionária Doris Duke foi escolhida como madrinha de batismo, e Fernanda Wanamaker se resignou, enfim, a aceitar a nova família. Mas a harmonia durou poucos meses: Rodman, convocado pelo Exército americano, foi enviado para servir no Pacífico em funções operacionais. Com o marido no Exército e um bebê para cuidar, Aimée decidiu passar uns tempos no Brasil, perto de Genésio, de Vera e do pequeno Edward.

Hospedada em Copacabana, teve uma temporada discreta, até que o fim da guerra a levou de volta aos salões. Entre julho e setembro de 1945, a embaixada francesa resolveu comemorar a paz com grandes bailes e desfiles de moda para anunciar a volta da alta-costura ao mercado internacional. No baile inaugural da celebração no Rio de Janeiro, Aimée, de vestido branco, foi mais fotografada do que o príncipe Pedro de Orleans e Bragança e sua esposa, a princesa da Baviera Maria Isabel de Wittelsbach. Era uma imagem belíssima que se impunha, uma figura cinematográfica, identificada nas legendas de

---

[3] A *Time*, segundo os costumes da época, citava o nome do marido antes do nome da premiada. A revista colhia votos de cinquenta "especialistas em estilo" para eleger as mais bem-vestidas de cada ano.

fotos apenas como Madame de Heeren, sem qualquer outra informação a seu respeito. Nos desfiles no Golden Room do Copacabana Palace, ela também estava presente para apreciar as novidades que as modelos parisienses e o estilista Louis Gervais apresentavam.

Pouco antes de se despedir do Rio de Janeiro, ainda em 1945, encomendou um retrato a Candido Portinari. O pintor já tinha renome no exterior, com exposições no Museu de Arte Moderna de Nova York e em Washington, e era bastante requisitado pelas damas da alta sociedade local. Aimée posou vestindo um terno escuro, camisa branca com gola de renda e um pequeno chapéu com arranjo de flores. Ao receber a pintura, presenteou Portinari com um azeite de oliva que lhe prometera, acompanhado de um bilhete de agradecimento: "É, sem dúvida, mais uma obra de arte do nosso maravilhoso artista". Prometeu pôr o quadro em destaque na residência de Nova York, logo que o marido voltasse do Pacífico.

10

Mesmo nos casamentos da aristocracia, o patrimônio costuma ser mais proveitoso que um título nobiliárquico desacompanhado de lastro financeiro. Sobrenomes que indicam nobreza ou riqueza são, ambos, chave de acesso ao topo do mundo dos hiperafortunados, com direito a certa tolerância para escândalos na vida privada ou financeira. No entanto, há raríssimos casos conhecidos de magnatas que se tornam personas non gratas nos ambientes da elite, enquanto é vasta a lista de nobres falidos relegados à segunda divisão da alta sociedade internacional. A riquíssima Madame de Heeren que voltou à França tinha um novo lugar na *high society*.

Depois da guerra, Rodman levou a família para viver em Biarritz. Moraram em palacetes alugados até escolherem a Villa La Roseraie, de estilo francês, três andares, considerada uma das mais belas da região. Nas primeiras semanas na cidade, retomaram a agitação social dos velhos tempos na companhia dos duques de Windsor, em veraneio no Hotel du Palais. Wallis Simpson e Edward, ex-VII, gostavam de jogar tênis com Rodman, veterano da equipe do Racquets and Tennis Club de Nova York.

Em agosto de 1946, o casal foi convidado para uma recepção na embaixada brasileira em Paris. O Itamaraty tentava reconstruir as relações com a França e estabelecer novos contatos, numa época de incertezas. Aimée jamais esqueceria a solenidade. A partir da primeira visita formal à embaixada do

Brasil, decidiu que manteria relações fraternais com todos os diplomatas que passassem por aquele posto.

A alta moda havia resistido à guerra. Logo no início da ocupação de Paris, a Alemanha tentara transferir a rentável indústria do luxo francesa para Berlim ou Viena. Homens de negócios enviados por Hitler chegaram a tomar a sede da Chambre Syndicale de la Haute Couture, responsável pelo setor desde 1868 e, ainda hoje, reguladora da alta-costura local como marca de denominação de origem controlada.[1] A operação fracassou pela impossibilidade prática de "transportar" uma indústria como aquela, dependente de uma sólida rede de fornecedores locais e mão de obra ultraespecializada. Muitas *maisons* fecharam durante a ocupação. Outras, como Nina Ricci, Marcel Rochas, Louis Vuitton e Balenciaga (apesar de ser financiado por empresários espanhóis republicanos exilados), ficaram abertas, atendendo à nova clientela: as mulheres dos oficiais nazistas, deslumbradas com o câmbio favorável.

Aimée incentivou e aderiu às coleções de moda do pós-guerra, cujos críticos, já de volta ao trabalho,[2] definiam como "discretas e sérias; não sem ideias, mas sóbrias e responsáveis". Nos modelos doados ao FIT de Nova York há três peças típicas desse período: um Robert Piguet, de estilo contido, sem decorações extravagantes; um vestido de listras esportivas de Marcel Rochas; e uma criação de Raymond Barbas com as cores da bandeira francesa.

---

[1] Para uma peça ser reconhecida como *Haute Couture*, ela precisa ser fabricada em Paris, dentro de prédios das próprias *maisons*, de modo totalmente artesanal, sem máquinas de costura industriais e modelada em manequins vivos. Além disso, a Câmara estabelece um número mínimo de funcionários e especialistas em cada etapa da produção e regras para os desfiles. As *maisons* se comprometem a apresentar duas coleções por ano (temporadas primavera e outono) com pelo menos 25 designs cada uma.   [2] O primeiro número da *Vogue*, depois da libertação de Paris, foi lançado em janeiro de 1945.

As coleções da libertação parisiense só começaram a ser exportadas para os Estados Unidos em 1946, ano em que Aimée posou para o lendário John Rawlings, fotógrafo de mais de duzentas capas da *Vogue* americana. Para as socialites de Nova York, ela seguia como um radar da moda em Paris. Foi modelo também na reportagem "Os chapéus escolhidos por elas", usando terno e chapéu de Balenciaga.

Aimée ocupou a primeira fila de todos os grandes momentos do calendário da moda do pós-guerra. Em fevereiro de 1947, estava no desfile do amigo Christian Dior,[3] que apresentava as novas criações de sua *maison* própria. Originalmente, a coleção era chamada de *Corolle*, mas acabou conhecida no mundo todo como *New Look,* e ainda hoje é cultuada como revolucionária. O desenho básico das roupas pode ser descrito como um buquê de flores de cabeça para baixo. Saias compridas, muito amplas e com forro; bustos torneados, em alguns casos com enchimento, e ombros com contorno bem definido. Coco Chanel resmungou que, durante anos, ela e o pioneiro Paul Poiret lutaram para libertar o corpo feminino dos espartilhos e agora vinha Dior resgatar os corpetes.

O novo estilo era ligado à opulência, com uma estranha mistura de sensualidade e recato. Oferecia suntuosidade depois dos tempos de penúria, dos vestidos funcionais de padronagem simples, pequenos chapéus de feltro e sapatos pesados. Dior explicou que sua moda representava um "contraponto ao minimalismo, à uniformidade e à austeridade dos tempos de guerra". Até filosofou: "É um resgate da singularidade humana através do luxo". De algum modo, o *New Look* refletiu o espírito do tempo, pois, durante os anos 1950, as capas de

---

3 A coleção Aimée de Heeren do FIT guarda seis modelos Dior: dois conjuntos estampados florais (1953), vestido com estola de vison (1954), vestido e casaco para coquetel (1955), tomara que caia para noite, bordado de renda branca (1955) e conjunto de túnica e saia para o dia a dia (1958).

revista seriam tomadas por mulheres com cintura de vespa, longas saias ondulantes, estolas de vison, pencas de joias, luvas brancas, chapéus — alguns parecendo discos enormes, outros ovais e pequenos[4] — e saltos altíssimos equilibrando as canelas finas das modelos. No dia do lançamento, Dior também inaugurou a era dos press releases nos desfiles de moda, fornecendo à imprensa kits com explicações sobre os cortes, tecidos, acabamentos e suas pretensões estéticas. Dois anos depois já havia mais de trezentos repórteres cobrindo as semanas de moda de Paris.

Na época áurea dos desfiles,[5] Aimée foi uma personalidade influente e cobiçada. Continuava a mesma compradora de escolhas próprias e diversificadas dos primeiros tempos de Paris, como comprova a lista de estilistas da coleção do FIT: Jean Dessès, Madame Grès, Piguet, Dior, Schiaparelli, Balenciaga, Hubert de Givenchy, Jacques Fath, Pierre Cardin. No mundo da alta-costura, os preços de peças para o dia a dia podem começar em 10 mil dólares, chegar ao preço de uma Mercedes-Benz por um blazer e mais alguns milhões para um vestido de noite, dependendo das pedras preciosas utilizadas.

Aimée também era uma voraz consumidora de colares, broches, brincos e anéis, e ficou amiga de Suzanne Belperron, a

---

4 Os chapéus grandalhões eram do tipo *cartwheel*, que Dior resgatou dos anos 1920; os pequenos que pareciam uma caixinha de remédios, por isso chamados de *pillbox*, eram os preferidos de Jacqueline Kennedy.   5 Os desfiles foram uma invenção americana da época da Primeira Guerra Mundial. Na falta das coleções francesas para agitar o mercado da moda de Nova York, um editor da *Vogue* teve a ideia de convidar estilistas locais a exibirem suas criações para as damas da sociedade num show patrocinado. As modelos apresentariam roupas caminhando, uma a uma, em frente à plateia. Condé Montrose Nast, então dono da revista, duvidou que alguém se interessasse em ver, quanto mais pagar para ver, mulheres vestidas andando em uma passarela. Só aderiu à ideia quando algumas das senhoras mais ricas da cidade convenceram seus maridos a patrocinar o evento.

única mulher no panteão dos grandes designers de joias do século XX. Belperron modernizou o mundo das joalherias, enquanto Coco Chanel modernizava o das *maisons*. Trabalhava de modo semelhante também: recebia as clientes pessoalmente, analisava suas características de rosto, de pele, o formato das mãos e, como uma costureira, tirava medidas de dedos, pulsos e pescoço, e ainda marcava sessões de prova. Aimée frequentava o salão da Rue de Châteaudun com regularidade. Nos arquivos da joalheria, há uma lista escrita à mão por Belperron registrando nove compras da cliente brasileira. Nesses arquivos também está guardado um bilhete de Aimée, passando sugestões para o desenho de uma peça. Ela se recordava de um esplêndido colar de ouro e diamantes[6] que vira nas vitrines do joalheiro Bernard Herz, na época em que Belperron ainda trabalhava para ele. "Você seria capaz de reproduzi-lo?" Rabiscou com tinta azul o formato das meias-luas da joia e perguntou se eram de "inspiração africana". Ela queria um colar de ouro para noite "que fosse original, não aqueles horrores que costumamos ver — é tão raro".

A valorização do glamour e do "gosto refinado" era a premência do momento. Uma jornada de trabalho de Bettina Ballard na alta temporada[7] serve como retrato do que se tornara o mundo do luxo. À meia-noite, elegante, quatro voltas de colar de pérolas no pescoço, Ballard andava descalça pelo estúdio dirigindo as modelos junto com o fotógrafo John Rawlings. Às duas da madrugada, beliscava batatas fritas numa travessa

---

[6] O colar icônico de que Aimée lembrava, e havia muito não via enfeitando uma dama, reapareceu na exposição de um colecionador europeu em 2020. É uma peça articulada, de 132 gramas, com cinco bandas curvas de ouro suspensas por uma corrente fixada em dois cones cravejados de brilhantes. Duas das bandas douradas têm pedras maiores, lapidadas como pequenas almofadas.   [7] A *Life* publicou uma reportagem sobre a rotina da repórter Bettina Ballard numa semana de desfiles.

de prata enquanto escolhia as fotos que mandaria para a redação antes de dormir. Às oito da manhã já fazia uma conferência para executivos de empresas do setor reunidos num hotel. Às 9h15, chegava ao desfile de Balenciaga, vestindo Balenciaga. Com um providencial casaco Schiaparelli por cima da roupa, às 10h15 cobria o desfile de Elsa Schiaparelli. No início da tarde, Ballard ocupava um assento na primeira fila da abertura da maison Dior, usando a roupa da marca.

Acompanhar a agenda de Aimée nessas temporadas era um prêmio cobiçado pelas amigas brasileiras que ela recebia em Paris. Sempre tinha lugar privilegiado nos desfiles e um convite extra para a acompanhante. Entrava solenemente nas *maisons* de braços dados com a premiada da vez e, invariavelmente, era saudada pelo estilista. Na lembrança das amigas, aqueles dias se passavam num set de cinema.

Aimée fazia visitas frequentes à família no Brasil, algumas vezes acompanhada por Rodman. Vera, divorciada de Randal Plunkett em 1947, tinha se casado pela terceira vez. De novo, com um britânico: Walter Prettyman, um cavalheiro bonito, fino e educadíssimo, que se adaptara perfeitamente à vida carioca. Formado em Agricultura em Oxford, chegara ao Brasil em 1923 para prospectar negócios, pois, como caçula de cinco filhos, não tinha direito à herança e ao título de nobreza do pai, reservados ao primogênito. Prettyman comprou uma usina de açúcar falida, em Campos, recuperou-a e construiu ali uma linda casa à beira do rio. Também criava cavalos de polo, seu esporte favorito. Durante a Segunda Guerra, voltou temporariamente à Inglaterra e trabalhou como assistente do marechal Arthur Harris, comandante das forças aéreas britânicas.

Prettyman e Vera moravam numa belíssima casa colonial em Santa Teresa, eram assíduos nas cerimônias da embaixada britânica no Rio de Janeiro e habitués das boates e dos restaurantes do Copacabana Palace. O cronista José Alberto Gueiros, da revista *O Cruzeiro*, usou Prettyman como modelo num texto sobre as qualidades necessárias ao anfitrião de uma festa verdadeiramente fabulosa. O host deveria ter uma casa como a do banqueiro Joaquim Bento Alves de Lima; pratarias à altura da coleção de Leão Gondim, primo e executivo de Assis Chateaubriand; quadros como os do colecionador Henrique Tamm; e, por fim, "o savoir-faire do Walter Prettyman".

Edward, com oito anos, também morava em Santa Teresa, mas passava temporadas em Copacabana com o avô Genésio, a quem era muito apegado. A família Plunkett pressionava Vera pela guarda do menino. Ela resistiu até que ele completasse treze anos, quando permitiu que viajasse a Londres para estudar em Eton, como convinha ao vigésimo barão de Dunsany. Vera teve mais dois filhos com Walter Prettyman, William e George.

II

O quadro de Portinari que Aimée prometera expor na mansão de Nova York não ficou lá por muito tempo. Hoje o retrato está muito bem guardado num porão em São Paulo, três pisos abaixo do nível da avenida Paulista, quase à profundidade do metrô. As escadas que começam no vão livre do Masp, perto dos elevadores, desembocam numa grossa porta de metal no terceiro subsolo. Além dela, há um labirinto de corredores estreitos, paredes e pisos rústicos, outros tantos portões e vários identificadores de códigos e digitais. Só então se chega ao tesouro: um salão com cerca de 6 mil quadros, quase metade do acervo permanente do Museu de Arte de São Paulo — a outra metade está armazenada fora do estado, num endereço não divulgado. A maioria dessas obras jamais foi exposta ao público nos suportes de cristal e concreto criados por Lina Bo Bardi. Poucos funcionários têm acesso à área, há câmeras por todo lado e normas de segurança para receber pesquisadores. O retrato de Aimée está no imenso arquivo de esquadrias móveis de ferro e madeira, do chão ao teto. Deixou o porão uma única vez, em dezembro de 2014, para a exposição do acervo completo de dezoito trabalhos de Portinari.

Puxado como uma porta de correr, o gavetão do retrato de Aimée sustenta outra meia dúzia de pinturas. A companhia é boa: ao lado há um Ianelli de retângulos marrons e beges superpostos e uma vista do porto de Santos, de Benedito Calixto. No gavetão vizinho, toda a esquadria segura uma única obra, *Enterro na rede*, de Portinari. Pela dimensão impressionante

(180,5 × 221 cm), ela ultrapassa por pouco o padrão dos suportes de Lina e ainda aguarda pela fabricação de um vidro especial para, então, ser exibida no segundo andar, ao lado de *Retirantes* e de *Criança morta*.

A senhora Aimée, da série Retratos, tem 73,5 × 59 cm, maior do que aparentam as reproduções. Em cinza, violeta e rosa predominantes, é do estilo pós-impressionista que Portinari também adotou em encomendas de outras senhoras da alta sociedade, como Leda Tavares, Jane Xavier Silveira, Magu Leão e, principalmente, no retrato de Aniela Rubinstein. Aimée está escondida por uma névoa que encobre seus olhos verdes, no mesmo tom das sombras no rosto. Pincéis finos definiram os lábios de vermelho pálido, em contraste com as volumosas marcas de tinta que sugerem as rendas da gola da camisa e as flores do arranjo sobre a cabeça. No casaco escuro, pinceladas largas e livres, de preto, marrons e azuis. É o retrato de uma dama linda e misteriosa, sem dúvida.

A ficha técnica informa que o quadro está no Masp desde a inauguração, em 2 de outubro de 1947, ainda na sede do centro da cidade, na rua Sete de Abril. Foi uma elegante doação anônima de Aimée ao notável empreendimento criado por um amigo que conhecia desde os tempos em que frequentava o Palácio do Catete: Francisco de Assis Chateaubriand Bandeira de Melo, dono do império Diários e Emissoras Associados,[1] homem que sempre estivera próximo a Getúlio, como aliado ou adversário. A pedido de Aimée, Chatô registrou a doação em seu próprio nome.

"Temos que passar como dois hunos sobre a Europa devastada pela guerra comprando quadros", propôs Chatô ao italiano

---

[1] A rede de comunicações de Chatô, em seu auge, era composta de 34 jornais, 36 emissoras de rádio, quatro revistas e uma rede de dezoito estações de televisão.

Pietro Maria Bardi, contratado em 1946 para dirigir o projeto do Masp. O acervo seria montado com obras que estavam "a preço de banana" na Europa devastada. "A nobreza e a burguesia europeias estão quebradas, seu Bardi, quebradas!" O dinheiro para a empreitada viria do bolso dos barões do café e dos industriais paulistas.

Além da doação do Portinari, Aimée colaborou com a expedição da dupla — "associei-me a um aventureiro italiano que é mais louco do que eu", dizia Chatô —, oferecendo-lhes uma preciosa rede de contatos na Europa. Segundo Chatô, foi Aimée quem descobriu em Paris a obra-prima do mestre do Renascimento Andrea Mantegna, *São Jerônimo penitente no deserto*. Estava em posse de um velho conhecido dela, o príncipe Paulo da Iugoslávia, que agora era um homem de aparência ainda mais soturna. No fim da guerra, liberado pelos ingleses da prisão domiciliar no Quênia, ele se mudara para a África do Sul e depois para a França. Não era mais príncipe, estava proibido de entrar em seu país, banido pelo novo governo comunista, e precisava com urgência de dinheiro.

Chatô festejava e claramente exagerava as contribuições da amiga. Chegou a publicar em seus jornais que Aimée havia comprado a pintura de Mantegna por 20 milhões de francos e feito a doação ao Masp. No registro da obra, no entanto, o doador identificado é a Câmara Municipal de São Paulo. Cada aquisição para o museu, na verdade, era uma fantasia, um número de ilusionismo, que Chatô montava a seu gosto, misturando compradores anônimos, doadores festejados e valores supostamente pagos. De alguma forma, todos os envolvidos acabavam lisonjeados pela participação no grande investimento cultural.

As compras e os preços das obras, impossíveis de comparar, eram anunciados pelos jornais: 45 mil dólares pelas bailarinas de bronze de Degas, 50 mil por um retrato de Lautrec, 200 mil por um Frans Hals, meio milhão para um Tintoretto ofertado em Nova York. Mas, devido aos métodos de arrecadação, envolvendo fraudes fiscais, operações de câmbio privilegiadas, doações disfarçadas de publicidade e achaques a ricaços, a estimativa do investimento total no Masp é mera conjectura. Chatô chegou a citar a cifra de 7 milhões de dólares, ainda uma bagatela para um acervo daquele porte.

A intenção de incensar Aimée fez Chatô, em artigos nos seus jornais, transformar outras duas indicações dela em "doação": *A banhista e o cão griffon*, de Renoir, e o *Retrato de jovem com corrente de ouro*, atribuído a Rembrandt (ainda hoje não reconhecido pela Real Academia Holandesa). No caso do Renoir, os registros do Masp indicam como doadores Mário Wallace Simonsen (Fiesp), Diários Associados de Minas Gerais e Leão Gondim de Oliveira, primo e homem de confiança de Chatô em duas de suas empresas, o Laboratório Schering e a revista *O Cruzeiro*. Para o Rembrandt, a fatura teria sido dividida entre dezenove milionários e sete empresas.[2] Chatô afirmou que Aimée também localizara para o Masp três Goyas, três Cézannes, vários Gauguins e toda a coleção de Toulouse-Lautrec. Ela, porém, nunca teve em sua coleção particular nenhum desses grandes pintores cotados a "preços de banana" que pudessem confirmar o olho apurado que o amigo lhe atribuía.

Aimée aceitou apresentar à imprensa francesa, junto com Chatô, *A banhista e o cão griffon*. A pintura não era vista pelo

---

2 Pagaram a aquisição do quadro de Rembrandt: dona Sinhá Junqueira, condessa Marina Crespi, Áurea Modesto Leal, Gervásio Seabra, Geremia Lunardelli, Arthur Bernardes Filho, Mário Rodrigues, Ricardo Seabra, Adriano Seabra, Américo Breia, Manuel Batista da Silva, Osvaldo Riso, Domingues Fernandes, Walther Moreira Salles, Hélène Moreira Salles, Simone Pilon, Jacques Pilon, J. Silvério de Souza Guise, Ricardo Fasanello, Sotto Maior & Cia, Moinho Santista S.A., Marwin S.A., Companhia Antarctica Paulista S.A., Indústrias Klabin do Paraná S.A., Indústrias Químicas e Farmacêuticas Schering S.A., Brasital S.A.

público há muito tempo e chegou a ser considerada perdida. Ela declarou aos jornalistas que a obra representava um marco inaugural do impressionismo, mais relevante que a *Olympia* de Manet na superação ao classicismo. Foi criticada pela ousadia e ficou ressentida. Anos mais tarde, considerou que sua opinião estava abalizada pelo novo livro de Sir Kenneth Clark sobre o nu nas artes. O escritor e diretor de museu do Reino Unido dedicava uma página inteira ao quadro de Renoir, ressaltando o pioneirismo da tela nas inovações propostas pelos impressionistas. Por recomendação de Aimée, a revista *O Cruzeiro* comentou o livro e Chatô comemorou o "reconhecimento" de Sir Kenneth como um triunfo do museu brasileiro e "um dia de glória de Aimée de Heeren".

A proximidade de Aimée com o museu paulista se manteve por muito tempo, sempre exaltada nas páginas de *O Cruzeiro*. Quando Chatô exibiu o acervo do Masp na Europa, ela ajudou o embaixador brasileiro Caio de Melo Franco a organizar uma festa na embaixada e um jantar no restaurante do Plaza Athénée para promover a exposição. Também recepcionou Chatô em seu apartamento e num jantar com galeristas no Chez Maxim's, onde ele fez questão de oferecer aos convidados canjica de milho verde e banana frita, preparados por uma cozinheira baiana.

12

Na residência oficial da família De Heeren, em Biarritz, a melhor amiga de Cristina era Blanquita, a filha dos zeladores, que moravam acima da garagem. Depois do colégio, as meninas brincavam e corriam com um poodle pelos jardins da Villa La Roseraie. Algumas vezes, Cristina também se divertia com crianças que acompanhavam os pais nos encontros de fins de tarde no terraço com vista para a praia. Mas essas eram presenças mais raras. Ela recorda da infância com gratidão pelas "maravilhosas empregadas domésticas" que cuidavam dela enquanto os pais viajavam e pelos vários cachorros que lhe fizeram companhia. "Não consigo imaginar minha vida sem eles", disse em entrevistas à imprensa espanhola anos mais tarde.

Era bem mais apegada ao pai e muito parecida fisicamente com ele. Aimée nunca foi paciente com crianças e Cristina não tinha interesse por coisas que a mãe prezava, como vestidos chiques e etiqueta. Tímida, detestava as grandes festas em que a obrigavam a ir. Sempre preferiu as atividades ao ar livre com o pai, no mar ou nas montanhas. Gostava dos esportes que ele praticava e até das músicas flamencas que ouvia e repetia ao violão.

Aos dez anos, foi matriculada num colégio interno, perto de Londres — "meus pais eram muito hitleristas na educação", reclamou. Rodman a visitava com regularidade e aproveitava alguns feriados para apresentar o interior da Espanha à filha. Cristina lembra especialmente de uma viagem pela

Andaluzia, na Semana Santa, quando se comoveu com as paisagens extraordinárias da região e viu pela primeira vez a Feira de Sevilha.

Guarda outra visita do pai como um marco de vida. Tinha doze anos e Rodman a apanhou de surpresa no internato para levá-la a um espetáculo de flamenco em Londres: o show do dançarino Antonio Ruiz Soler. El Bailarín, como era afamado, fez o nome internacional da música típica espanhola se apresentando pela Europa e pelas Américas. "Ele era lindo, fiquei muitíssimo impressionada com tudo que vi." Encheu-se ainda mais de orgulho ao constatar que El Bailarín já conhecia seu pai.

Rodman era o responsável pelas compras da Wanamaker na Europa, função que jamais demandou o cumprimento de algo impróprio como um expediente de trabalho. Morando em Biarritz, a cinquenta quilômetros de San Sebastián, onde foi criado, ele se dedicava a cultivar as raízes ibéricas. Tornou-se íntimo do toureiro Antonio Ordóñez, El Catedrático. Matador de mais de 2 mil touros bravos ao longo da carreira, Ordóñez foi ídolo de Orson Welles (o diretor pediu que, quando morresse, suas cinzas fossem depositadas na fazenda do toureiro, em Ronda). Cristina acompanhava o pai nas touradas e conheceu Welles. "Ele era um especialista em dores de cabeça", contou. "Fazia umas massagens muito especiais." Certa vez, sofrendo com forte enxaqueca durante um festival em San Antonio, experimentou a técnica. "Ele disse que ia me curar. Ficou atrás de mim, passando os dedos pela minha cabeça e — funcionou!" Também conheceu Ernest Hemingway, mas achou o escritor "desagradável", bem entendido em touros, mas ignorante sobre o flamenco.

Touros, cachorros e música eram temas exclusivos de pai e filha. Com Rodman, ela se apaixonou pelos sons que vinham do Levante e lhe evocavam paisagens andaluzas. Conversavam sobre as bases do canto, dança e guitarra, sobre harmonias e os diferentes compassos, os *palos*, do flamenco. "Meu pai e eu tínhamos muito em comum. Não éramos próximos como pais e filhos de hoje em dia, havia uma distância, mas nos dávamos muito bem e nos divertíamos juntos." Sua festa de debutante foi animada pela trupe El Duende. O grupo de artistas, contratado por Rodman, era liderado pelo toureiro Rafael Vega de los Reyes, o Gitanillo de Triana, cumprindo uma temporada no cassino de Biarritz com seu *tablao* cigano.

Como colecionador de arte, Rodman também mostrava clara preferência pela Espanha. Tinha um retrato de Aimée pintado por Alejo Vidal-Quadras, artista predileto das socialites, um Velázquez (retrato do rei Felipe II, de autenticidade ainda não confirmada na época), quadros de Jiménez Aranda e quatro obras do mestre espanhol Joaquín Sorolla. Seu grande desejo era comprar o esplêndido *O barco branco*, pintado por Sorolla na praia de Jávea, no ápice de sua produção artística. O quadro, retratando dois garotos semissubmersos, suspensos na corda da embarcação, pertencia a uma tia solteirona e rabugenta e estava largado num canto poeirento da casa. Por mais que o sobrinho a visitasse, ela se negava a vender a pintura de tons verdes e azuis, que dizia nem apreciar. Mas surpreendeu Rodman lhe deixando a obra como herança. *O barco branco* foi levado para a casa de Palm Beach. Era o quadro predileto de Aimée e também de Cristina.

As preferências de Rodman e Aimée percorriam caminhos diferentes, e o casal já dava sinais de que levava vidas separadas. Ela frequentava festas concorridas sem a companhia do marido e ele se divertia mais na Espanha que na França. Eram sinais plenamente conhecidos e aceitos pela alta sociedade, sem escândalos. Aimée costumava provocar as amigas casadoiras com uma ironia: "Amor não tem nada a ver com casamento. Casamento é um acordo de interesses". A sentença podia ferir a suscetibilidade de algumas moças e enrubescer as tias carolas do

Rio de Janeiro, mas expunha regras sociais bem sedimentadas na elite. "Outra coisa que não entendo é se separar do marido sem ter outro para casar", dizia.

O mais exuberante voo solo de Aimée de Heeren foi o Le Bal Oriental, no Palazzo Labia, em Veneza, promovido em 1951 pelo franco-mexicano Carlos de Beistegui, herdeiro de magnatas da prata e colecionador de arte. Era um homem de poucos amigos, notabilizado pela extravagância. Comprou o Labia, um dos últimos grandes *palazzi* do século XVII, três anos antes de seu baile de máscaras. O salão principal tinha afrescos de Tiepolo, mas o novo dono reforçou a decoração com quadros de Rafael e caríssimas tapeçarias e antiguidades.

Aimée, assim como os demais convidados, chegou ao palácio de gôndola, pelo canal de Cannaregio. As fantasias eram inspiradas na vida veneziana de outrora e, para preparar os trajes, todos haviam recebido os convites com seis meses de antecedência. Alguns usavam roupas que custaram quinze dólares numa loja qualquer, como a belíssima atriz Gene Tierney, vestida de camponesa; outros, ostentavam trajes de 15 mil dólares e alguns milhões em joias, como a socialite Barbara Hutton, herdeira da rede de lojas Woolworth. Pierre Cardin desenhou nada menos que trinta dos vestidos exibidos na noite. Dior apareceu com vestes criadas por Salvador Dalí; e Dalí, com criações de Dior. O sultão Aga Khan III, Mohammed Shah, estava fantasiado de potentado oriental, uma redundância. Na lista dos convivas havia vários veteranos do Bal-Cirque,[1] como o fotógrafo Cecil Beaton, caracterizado de pároco. Beistegui, como um doge, conferia a chegada dos visitantes do alto da escadaria e do coturno-plataforma de quinze centímetros que usava. Enrolado em túnica escarlate, com peruca de

---

[1] Entre eles, Paul-Louis Weiller, Dior e as princesas Baba de Faucigny-Lucinge e Ghislaine de Polignac.

cachos brancos em cascata, cumprimentava um a um e ficava ressentido com as ausências. Passou cinco anos sem falar com seu amigo brasileiro Nelson Seabra, que não compareceu porque estava adoentado. Criador de cavalos, dono do Haras Guanabara, aos 32 anos Seabra rivalizava com Aga Khan nos hipódromos internacionais e circulava entre a aristocracia europeia e americana. Porém, a exemplo de Aimée, seu nome era pouco popular no Brasil.[2]

O espetáculo surreal da noite veneziana levou fama de "a festa do século", mas também causou estranheza. Houve críticas tachando o baile de "indecência moral", artigos que apontaram sinais de "decadência e maldade" na ostentação e insinuações de que as máscaras venezianas dos convivas cumpriam, afinal, a função de origem, "proteger os usuários de atividades promíscuas".

Orson Welles estava na festa e não usava máscara. Vestia uma túnica de seda sobre o smoking e tinha enfiado na cabeça um turbante de vastos penachos. Com as finanças arruinadas, ele circulava em Veneza atrás de dinheiro para contar uma história de fracasso, a ruína de Otelo, de Shakespeare. Era o primeiro filme que dirigia depois de trocar Hollywood pela Europa, e não havia mais caixa para a fase final de edição. As filmagens da obra-prima, que viria a ser premiada no Festival

[2] Nelson Seabra morava na cobertura do Edifício Seabra, marco da arquitetura art déco do Rio de Janeiro, construído por sua família na praia do Flamengo, esquina com a rua Ferreira Viana. Passava longas temporadas hospedado num apartamento privado do Hotel George V, em Paris; no Waldorf Astoria, em Nova York; ou no chalé de inverno alugado em Gstaad, na Suíça. As fardas do haras de Seabra, de listras verticais verdes e pretas, eram fabricadas pela Hermès. Raramente dava entrevistas. Uma das poucas que concedeu foi à *Vanity Fair*, para um perfil sobre o amigo Carlos de Beistegui. Durante o almoço, o repórter da revista quis comentar a fama de gay de Beistegui. Em vez de casos escandalosos, Seabra sustentou que o colecionador era mulherengo e gostava especialmente das famosas.

de Cannes de 1952, tinham se arrastado por três anos. Segundo ele, o filme não tratava apenas da tragédia do general mouro, mas de "um mundo inteiro em colapso".

Welles e Aimée flertaram abertamente no baile de Beistegui, propiciando generosas sessões para os fotógrafos presentes. Em vários cliques ele parece boquiaberto, com olhares de ressaca sobre a brasileira, coberta de joias e vestida de dourado como uma divindade oriental. Trazia um adereço sobre a cabeça com traços de pagode tailandês e exibia unhas postiças gigantes,[3] à moda de milenares imperatrizes chinesas. O casal circulou pelo salão madrugada adentro, até Aimée ouvir Welles sussurrar: "Vamos dançar na praça?". Saíram do baile e não voltaram. Foram parar em Paris, onde namoraram por uma semana, tempo que ela achou razoável. "Ele era muito chatinho", contou às amigas.

---

3 Ainda não existia o termo *art nail*, símbolo de poder feminino hoje em dia.

13

Um ano depois do baile veneziano, em 3 de agosto de 1952, Assis Chateaubriand e Getúlio Vargas[1] cruzaram, juntos, o caminho de Aimée numa festa no castelo de Corbeville. O delirante espetáculo tropical organizado por Chatô em Paris para promover o algodão brasileiro homenageou Aimée, em meio a centenas de nomes famosos, como a celebridade da noite. Ela adentrou a festa numa liteira, carregada por quatro homens negros. Entre os mais de 2 mil convidados, a primeira-dama Darci Vargas e a filha Alzira do Amaral Peixoto assistiram à cena numa mesa de pista, bem em frente ao palco. No dia seguinte, no Brasil, Getúlio era acusado de patrocinar, com câmbio do mercado negro, uma "orgia" que torrou 205 mil dólares, o "bacanal de Corbeville".

O evento era um projeto de Chatô com a Fábrica de Tecidos Bangu, do empresário Joaquim Guilherme da Silveira, e o estilista Jacques Fath. Um dos principais nomes da moda francesa do pós-guerra, Fath fora contratado para criar uma coleção usando tecidos de algodão brasileiro, em fase de boa cotação no mercado internacional. O dr. Silveirinha, como era conhecido no Rio, tranformara a tecelagem, fundada junto com a República, em 1889, na grande patrocinadora da alta-costura no

---

[1] Getúlio, que renunciara em 1945 para não ser derrubado por um golpe militar, foi eleito presidente pelo voto popular em 3 de outubro de 1950. Não era mais o ditador, mas o "pai dos pobres". Os adversários acusavam o governo de corrupção.

Brasil. As colunas sociais se referiam a ele como uma das "locomotivas" da sociedade carioca.

Com a maior parte do patrocínio garantido pelo dr. Silveirinha, Chatô se encarregou do espetáculo, aproveitando as equipes e o cast da TV Tupi, fundada por ele dois anos antes. Decidiu que esta era a grande oportunidade de "apresentar à alta sociedade do Velho Mundo o Brasil verdadeiro". Anunciou que ia mostrar à elite europeia "a vasta experiência de cruzamentos que empreendemos no trópico". Em vez do "falsificado Brasil branco, de catálogos de grã-finos", revelaria uma nação "de mestiços autênticos, mulatos inzoneiros, índios e negros".

O cheiro de escândalo foi pressentido pelo jornalista Samuel Wainer, dono do jornal *Última Hora* e aliado de Getúlio. Darci e Alzira visitavam Paris quando receberam os convites para a festa de Corbeville e haviam confirmado presença. Wainer ficou sabendo que lá estariam também fotógrafos e repórteres da *Tribuna da Imprensa*, de Carlos Lacerda, o mais agressivo adversário do presidente. Avisou Getúlio que a milionária preparação do espetáculo, com mais de cem convidados brasileiros lotando dois Constellation da Panair, além dos voos com a orquestra e os artistas contratados, era sinal de que Chatô estava aprontando algo capaz de escandalizar Paris. Disse conhecer o "alto grau de permissividade" dessas festanças e sugeriu o risco de a primeira-dama ser fotografada ao lado de um Jacques Fath fantasiado de fauno. Getúlio pediu que ele convencesse a mulher e a filha, com quem Wainer tinha ótimas relações, a não comparecer. Alzira aceitou os argumentos do jornalista, mas Darci fincou pé, e a filha acabou acompanhando a mãe para que ela não fosse só.

O show no palco armado nos jardins do castelo começou com queima de fogos, seguida pelo pot-pourri de frevos pernambucanos da Orquestra Tabajara, da Tupi, regida pelo maestro Severino Araújo. Então, passistas baianas abriram passagem para uma encenação que deveria lembrar "gravuras de Debret": a chegada da rainha do maracatu numa liteira. Os carregadores negros usavam perucas brancas, casaca militar de dragonas e peito rendado, calças bufantes até as canelas, meias brancas e sapatos de salto. Aimée, recepcionada por Fath, emergiu da liteira num vestido de babados, sombrinha no braço esquerdo, cabelos alourados, batom vermelho vivo e pencas de joias. Estava fantasiada de "Sinhazinha do Engenho dos Falcões da Várzea do Capibaribe", com vestido de tecidos de algodão da Bangu, desenhado por Fath.[2]

Dos fundos do castelo, surgiram dez cavalos montados por homens de gibão e chapéu de couro, cada um com uma beldade na garupa. O primeiro dos jagunços, Chatô, levava Elsa Schiaparelli caracterizada de deusa inca. Logo atrás, fantasiado de Lampião, vinha o sociólogo francês Paul Arbousse-Bastide, um dos "professores importados" da USP, formando dupla com a modelo Danuza Leão, ela de Maria Bonita. O venerável mestre, que os alunos paulistas chamavam carinhosamente de "Bastidão", estava emocionado com o regresso a seu país depois da guerra. Apeou do cavalo e prosseguiu com a performance, mirando o revólver de brinquedo contra qualquer moça que lhe passasse pela frente. Aimée também levou um tiro de mentirinha, logo seguido pelo beija-mão reverente do sociólogo.

Fartamente descrita por revistas e jornais, a festa de Corbeville teve de tudo, além do Carnaval animado. Entre os artistas brasileiros levados a Paris estavam Elizeth Cardoso, Jamelão, Ademilde Fonseca e Zé Gonzaga. Havia equipes de dançarinos

---

[2] Na coleção de Aimée há, segundo Michelle Kauffmann Benarush, um raro exemplo de prêt-à-porter de Jacques Fath. É um maiô de alpaca, com silhueta parecida com um minivestido tomara que caia. A barra da saia estampava bordados com referências a Mônaco, Nice e Saint-Tropez, os balneários elegantes da época.

que ensinavam samba, xaxado e cururu aos convivas. Orson Welles, que semanas depois estaria em Cannes para receber o grande prêmio do festival de cinema, encarou uns passos, amparado por Elizeth e Ademilde. O ator Jean-Louis Barrault pulou frevo de sombrinha em punho. Entre os convidados também estavam Ginger Rogers, Claudette Colbert, Zsa Zsa Gabor, Paulette Goddard e Danny Kaye. Um grupo de rapazes de tangas e penachos do Ballet do Marquês de Cuevas, de Mônaco, apresentou danças de saudação à lua.

Darci e Alzira, em visível desconforto, usavam solenes vestidos de noite em meio a uma maioria de gente fantasiada, inclusive Fath, de cabeleira negra, torso nu e ares de pirata. Em alguns momentos, Darci recorreu aos óculos de lentes escuras que costumava usar e, de certo modo, pareceu mais integrada ao ambiente. Junto com a filha, tirou fotos com Ginger Rogers, Jean-Louis Barrault e socialites brasileiras. Aimée, sorridente, passou pela mesa para cumprimentá-las, levada pelo embaixador Caio de Melo Franco. Fazia catorze anos que se mudara do Brasil.

Um dia depois da folia, a primeira página da *Tribuna da Imprensa* estampava a manchete "205 mil dólares numa farra em Paris". O jornal citou gastos exorbitantes, contabilizou garrafas de champanhe, uísque e pinga, e destacou, entre a "completa loucura" da noite, a apresentação de uma "dança nupcial dos índios de Mato Grosso", provavelmente em referência aos rapazes de Mônaco. Ao lado da manchete, o editorial de Lacerda com o título "Afronta". Ele escreveu que a "farra promovida em Paris", com a "indulgente presença da mulher do presidente e de sua encantadora filha", era ultrajante diante das "dificuldades com que luta o povo francês, e [da] desgraça que aflige o brasileiro". Ao final, questionou a origem do financiamento da excursão tropicalista de Chatô: "Quem forneceu o câmbio? Foi câmbio oficial ou câmbio negro? Isso é que merece um inquérito". O jornal *O Estado de S. Paulo*, histórico opositor de Getúlio, comprou a briga. Num editorial intitulado "Decomposição", lamentou que a sociedade brasileira, "tão ciosa de seus costumes, pautados nos ditames da mais severa moralidade", fosse retratada em Paris por um "bacanal".

O barulho oposicionista não deu em nada. A *Tribuna* era um jornal influente nos meios políticos, mas nanico se comparado aos 370 mil exemplares que *O Cruzeiro* vendia por semana. Além disso, a lista dos alegres convivas — com todos os nomes importantes da elite carioca e paulista incluídos — era prenúncio de que a campanha de boicote aos Diários Associados proposta por Lacerda não tinha meios de prosperar. Chatô dobrou a aposta e publicou quatro edições seguidas da revista com o "Carnaval brasileiro em Paris", 68 páginas no total. O sociólogo Gilberto Freyre, que trabalhava para os Diários em Recife, escreveu um artigo defendendo o evento como uma missão diplomática de afirmação nacional. Segundo ele, o barão do Rio Branco, se fosse vivo, teria feito o mesmo que Chatô para divulgar o Brasil, indiferente aos "escrúpulos cristãos" e "pudores patrióticos" dos moralistas de plantão. A imprensa francesa repercutiu com simpatia o "Carnaval do Rio em Paris" e publicou entrevistas com Fath e Chatô, que louvaram o algodão de fibra longa, produzido em Seridó (RN). Um articulista disse, a título de elogio, que o esplêndido espetáculo lembrava uma produção de Cecil B. DeMille.

A copiosa cobertura de *O Cruzeiro* foi uma declaração de Chatô à ex-bem-amada de Getúlio. Aimée brilhou na revista mais que qualquer outra estrela de cinema, socialite, modelo, patrocinador ou autoridade presente à festa. Ela ganhou fotos de páginas inteiras e destaques em todas as edições, sem qualquer informação a seu respeito além do nome e da referência "dama brasileira de grande prestígio na sociedade europeia". Não havia menção ao fato de que era casada com Rodman nem referências ao casamento anterior com Simões Lopes, que nessa época presidia a Fundação Getulio Vargas.

Em setembro, Aimée mereceu outras quatro páginas, com seis fotos suas, registrando a recepção que ofereceu para convidados da elite local e amigos brasileiros. "A senhora Aimée de Heeren abre seus salões", comemorou a reportagem. Ela morava num apartamento na Rue de Varenne, 73, a rua do Museu Rodin, onde se localizam alguns dos mais belos palacetes de Paris. Alugado do nobre inglês Arthur Hasting Forbes, o Lord Granard, o prédio era vizinho de muro com os jardins do museu. Chatô convidou um grupo de artistas que permanecera na cidade para mostrar aos franceses alguns ritmos nacionais que não admitia ver confundidos com o mambo. Apresentaram-se no apartamento de Aimée, Zé Gonzaga, Pato Preto, Zé Minhoca e Egídio Bezerra.[3] Zé Gonzaga, mesmo de smoking novo, não dispensou o chapéu de cangaceiro. Segundo a reportagem, "a esposa do prefeito de Estrasburgo" se animou a dançar "A primeira umbigada é o baiano que dá", um baião de Fernando Lobo e Manezinho Araújo. *O Cruzeiro* também acompanhou a visita que Aimée e Chatô fizeram ao Palácio de Versalhes, recepcionados com champanhe no Petit Trianon.

---

[3] Cantor, compositor e acordeonista, Zé Gonzaga nasceu em Exu, Pernambuco. Na época fazia sucesso com o baião "Barba de bode". Pato Preto era o nome artístico do cantor e humorista Alípio de Miranda Silva, mineiro que imitava o estilo caubói de Bob Nelson. O ator João Restiffe, o Zé Minhoca, fazia tipos caipiras e trabalhava como coadjuvante de Mazzaropi. Egídio Bezerra era dançarino de frevo, conhecido como "O Rei do Passo".

14

Chatô tinha fama de predador sexual e contribuía para fortalecê-la com escândalos públicos na vida privada. Comentava com prazer seus casos, fossem sobre uma famosa compra de votos para eleger determinada Rainha do Rádio, ou sobre a namoradinha da semana que abordara num ponto de ônibus. Detalhava aventuras românticas para os funcionários que costumeiramente assistiam o "dr. Assis" oferecer as nádegas, no meio do expediente na redação, para receber uma picada de suposto fortificante sexual. Era um homem habituado a se firmar entre os amigos pelas conquistas amorosas, e com Aimée não foi diferente.

Os velhos executivos de Chatô nos Diários Associados colecionaram histórias de brigas, reconciliações e intimidades do casal. Contavam que ele chegou a circular com um resto de sabonete de hotel enrolado em papel de seda e, volta e meia, tirava o embrulho do bolso e o levava ao nariz para lembrar o último encontro com a amante. Seu filho, o diplomata Gilberto Chateaubriand, com quem nutria uma relação distante e reciprocamente perversa, também tratou de espalhar detalhes sobre o namoro. Por parte de Aimée, nenhuma palavra. Como prova de sua notável discrição, apesar da vida pública de celebridade, ela era descrita pelos antigos companheiros de Chatô como viúva de um empresário americano, de origem holandesa, dono de uma rede de lojas de conveniência, versão que ainda prevaleceu em 1994, no livro de Fernando Morais.

Alguns funcionários de *O Cruzeiro* tinham especial intimidade com o patrão. Paraibano de Umbuzeiro, Chatô sempre exigia para suas "missões" a escala dos fotógrafos José Medeiros, Luciano Carneiro ou Luiz Carlos Barreto, todos nordestinos como ele (Medeiros era piauiense; os outros dois, cearenses). Admirava o trabalho do trio,[1] que também escrevia algumas reportagens, mas a razão principal é que se sentia à vontade com eles para dividir os quartos de hotel. De início constrangidos, com o tempo os jornalistas acabaram se acostumando à visão do chefe de camisola longa, acocorado na cama, anotando seus artigos e discursos num bloco, até adormecer com o lápis na mão.

Numa dessas viagens com suíte compartilhada, Luiz Carlos Barreto precisou dar lugar a Aimée. Estavam hospedados no Plaza Athénée, em Paris, voltando de uma visita à Normandia, onde Chatô apresentara a um grupo de antropólogos franceses sua Fundação de Estudos Históricos Dom Pedro II.[2] Barreto lembra que certa noite, "já de camisolão, parecendo a vovó da Chapeuzinho Vermelho", Chatô mandou que ele

---

[1] Os três são considerados fundadores do fotojornalismo brasileiro. Barreto e Medeiros também tiveram carreiras de sucesso no cinema nacional. Barreto dirigiu filmes, produziu mais de cinquenta obras e foi o fotógrafo de *Vidas secas* e *Terra em transe*. Medeiros era o "o único que sabia fazer uma luz brasileira", segundo Glauber Rocha. Foi diretor de fotografia de *Xica da Silva* e de *Memórias do cárcere*. Luciano Carneiro, que cobriu a Guerra da Coreia e a Revolução Cubana, morreu em 1959 num acidente aéreo, quando voltava de uma viagem de trabalho a Brasília.   [2] Pressentindo uma oportunidade de negócios, Chatô comprara, um ano antes, o Château D'Eu da família da princesa Isabel por 60 milhões de francos. Enquanto não decidia o que fazer com o castelo, fundara ali uma instituição destinada a oferecer bolsas para que estudantes produzissem teses acadêmicas sobre a história do Brasil. Estava particularmente interessado em pesquisas sobre um caso. Segundo Chatô, uma expedição científica francesa se voltara para o modo como os indígenas brasileiros fazem sexo e, por isso, trouxera uma grande "família deles" para a França. "Eles comeram muitas francesas aqui, deve haver um montão de filho de índio na Normandia", dizia Chatô ao grupo de antropólogos franceses que levara para conhecer a recém-inaugurada fundação.

pedisse ao *concierge* outro quarto para dormir. "A dona Aimée vai passar aqui esta noite", explicou. Barreto conta ter perguntado se ele receberia a namorada naquelas vestes. "Não se preocupe, seu Barreto. Eu sei que, na primeira vez em que o senhor me viu de camisolão, ficou rindo escondido no travesseiro. Mas fique tranquilo que vou me compor. Só fico assim na frente de nordestino, e dona Aimée é uma mulher de muita classe."

O charme de Chatô, começando a ficar grisalho aos sessenta anos, era capaz de compensar sua aparência desfavorável, de feições grosseiras, baixinho e atarracado. A colunista social do *New York Journal* Elsa Maxwell, lésbica assumida e temida pela língua ferina, foi uma prova desses encantos. Ela almoçou no restaurante Pavillon com o "homenzinho" de "grandes olhos castanhos", que estava na cidade atrás de pechinchas para o Masp farejadas na Galeria Wildenstein. "Assis Chateaubriand [é] o mais alegre, o mais vivo, o mais fantástico homem que já conheci", escreveu na coluna "Elsa's Comment". "Ele praticamente não fala inglês mas é mais borbulhante que uma garrafa de gasosa. Chateaubriand é o verdadeiro rei de São Paulo. [...] Chegou e saiu como um furacão, seguido por muitas mulheres, todas falando português."

Chatô tinha sido empossado senador, pouco antes do baile de Corbeville, graças a um arranjo com Getúlio. Foi eleito num ano em que não havia eleições previstas.[3] Também cultivava o sonho de ser embaixador em Londres e, como agrado, recebeu um convite do presidente para integrar a missão que

---

3 O presidente convidou o senador paraibano Vergniaud Wanderley para uma vaga no Tribunal de Contas da União e acertou que seu suplente também renunciaria à cadeira no Senado pretendida por Chatô.

representaria o Brasil na coroação da rainha da Inglaterra, Elizabeth II. De saída, viu aí nova oportunidade para os achaques públicos a milionários. Mandou seus jornais publicarem, no início de 1953, uma lista de onze grandes empresários que iriam patrocinar um presente do governo brasileiro para a jovem monarca. Nenhum dos felizardos havia sido avisado antes.[4] O mimo era um conjunto de colar e brincos, de doze enormes águas-marinhas e 607 brilhantes, encomendados à Casa Mappin & Webb, então a ourivesaria mais conceituada do país. A conta ficou em 62 mil dólares, cerca de 730 mil dólares em 2024.

A missão diplomática propiciou um encontro com Aimée, descrito em *Chatô, o rei do Brasil*. Ela embarcou de Biarritz para Londres com a intenção de passar a semana da coroação de Elizabeth II na cidade, acompanhada do pai Genésio e de uma camareira. Chatô já estava hospedado no Grosvenor House Hotel e havia atravessado seis faixas de pano pelas ruas com saudações em português à rainha, em nome de santos brasileiros. Combinaram jantar no Mirabelle, mas o sumiço de Genésio, que se perdeu no caminho para o restaurante, arruinou a noite. Aimée procurou o pai em hospitais e delegacias, mas ele só apareceu no dia seguinte pela manhã. Contou que, sem encontrar o endereço e sem falar patavina de inglês, acabara batendo à porta de uma casa para pedir ajuda. O dono o confundiu com um hóspede estrangeiro que aguardava para as festas da coroação e ele dormiu por lá.

---

4 Foram escalados para cotizar o presente: o governador de Minas Gerais, Juscelino Kubitschek; o deputado Euvaldo Lodi, presidente da Confederação Nacional da Indústria; os industriais paulistas Horácio Lafer e Wolf Klabin; o empresário mineiro Manuel Ferreira Guimarães; o cafeicultor paulista Fúlvio Morganti; o presidente da St. John Del Rey Mining Co., George Wigle; e Harold Fleming, dono do Moinho Inglês.

Chatô assistiu à liturgia de sagração na abadia de Westminster, no dia 2 de junho, aflito com uma infecção na próstata que tratava sem sucesso (enquanto Elizabeth II recebia a coroa, ele se aliviava em garrafinhas de Coca-Cola escondidas nos bolsos do sobretudo). No dia seguinte, havia convidado Aimée para acompanhá-lo à recepção nos jardins do Palácio de Buckingham, mas não tinha convite para ela. Determinado a burlar os cerimoniais, acomodou a convidada ao seu lado no banco traseiro do Rolls-Royce, com o filho Gilberto na frente com o motorista. No porta-malas, escondeu o fotógrafo Luciano Carneiro e partiram para o garden party na residência oficial da realeza britânica. Atravessaram o portão sem problemas e saltaram em frente ao palácio, enquanto Carneiro se esgueirava do porta-malas do carro para registrar a cena. *O Cruzeiro*, em alto de página, publicou a foto: Aimée de vison, num clássico *New Look* dos sapatos ao chapéu, ao lado de Chatô, que mantinha conversações com o porteiro.

Aimée não confirmava nenhuma das histórias narradas e criticava a obra de Fernando Morais, que não leu. Dizia ser absurda a versão de que entrara no palácio dentro do porta-malas do Rolls-Royce, fato que o livro claramente atribuiu ao fotógrafo. "Imagine chegar de vestido amassado a uma festa em Buckingham!"

Décadas mais tarde, o diretor Guilherme Fontes viajou a Paris com a intenção de obter um depoimento de Aimée para a série de documentários que precedeu o lançamento de seu filme sobre Chatô. Para desespero da equipe, por vários dias ela se recusou a conceder a entrevista. Só mudou de ideia depois de um amigo íntimo, o arquiteto Luiz Eduardo Indio da Costa, usar o argumento decisivo: "É melhor você dar sua versão, ou eles vão inventar o que quiserem". No dia marcado para as gravações, convocou cabeleireira, manicure e massagista e se preparou meticulosamente. Separou um vestido marrom-avermelhado, brincos, colar de ouro de três voltas e dois broches de ouro e brilhantes no formato de pequenas vespas. Testou alguns ambientes e decidiu que o melhor lugar do apartamento para a locação era em frente à lareira ornamental, cercada de quadros, livros e bibelôs. Pela produção esmerada, todos imaginaram que, por fim, ouviriam Aimée falar sobre o famoso romance. Mas ela foi extremamente reservada, adotou um tom formal e afirmou que o caso com Chatô não passava de uma ilusão do amigo: "Ele pensava que eu tinha algumas *cousas* que lhe faltavam e que isso o completava. Eu penso que seja isso que explique a mania que ele ficou com... de dizer que tinha essa paixão".

Sobre a fama de Chatô achacar empresários para conseguir dinheiro para o Masp, se mostrou compreensiva:

> Os meios que ele usava, ainda que não possamos julgar admiráveis, provavelmente eram os únicos que ele encontrou. Não que eu ache que isso justifique, mas até certo ponto, explica. Sabe como é, *'tout que tu comprends, tu pardonnes'*, tudo que você compreende você perdoa.

Na manhã de 24 de agosto de 1954, Getúlio Vargas se suicidou com um tiro no peito. Na noite anterior, com o Palácio do Catete protegido por sacos de areia, ele reunira o ministério para decidir como responder ao ultimato militar por sua renúncia. Foi aconselhado a deixar o poder e tinha fingido concordar.

Aimée não fez nenhum comentário público sobre a morte do ex-amante, que seguia admirando. A única reação dela que se conhece foi notada pela filha. Cristina lembra de um pedido inusitado da mãe: "Hoje, antes de dormir, além de rezar para o seu pai, peça graças também para o presidente Vargas". Cristina nem sabia quem era ele. Só foi entender de fato a recomendação muitos anos mais tarde.

15

A história das grandes celebrações da aristocracia é a história dos tempos. Os ritos profanos dos bailes e badalações marcaram séculos, como espelho ou antítese da vida em determinada época. Algumas vezes pela imagem de bucólicos salões vienenses, quando as valsas ainda escandalizavam autoridades eclesiásticas. Em outras ocasiões, viraram símbolos escrachados das desigualdades terrenas. A maneira como os ricos se divertiam enquanto o mundo real girava ofereceu o caso emblemático de Maria Antonieta e seus bailes de perucas empoadas num Palácio de Versalhes que não tinha banheiros; ou o último baile da dinastia Románov, em 1903, com Nicolau II e 390 convidados no Palácio de Inverno homenageando o legado dos antigos tsares[1] num país de servos famintos.

A frivolidade ostensiva do Bal-Cirque na véspera da Segunda Guerra Mundial, o posterior surrealismo veneziano do Bal Oriental no Palazzo Labia e até mesmo o Carnaval terceiro-mundista de Corbeville espelharam um tempo vertiginoso. O mundo que conseguia sobreviver a cinquenta anos de catástrofe, de depressão e conflitos destruidores estava no beiral do mais extraordinário e rápido período de crescimento econômico e transformações sociais da história.

---

[1] O baile exigia roupas originais dos tempos de antigos tsares. Muitos museus foram esvaziados para fantasiar os convidados.

As folias de Elsie de Wolfe, Beistegui e Chatô, com apenas treze anos entre elas, couberam na vida de muitos nomes célebres. Em comum, as três festas tiveram também a mesma inspiradora: Elsa Maxwell, a mulher que inventou o baile-celebridade no século XX. Baixa, robusta, feições de pug buldogue, ela definiu quem era quem no meio social da Europa e dos Estados Unidos, da Primeira Guerra até o mítico reino da Camelot dos Kennedy. Foi roteirista, compositora, colunista social, chefiou revistas, apresentou um programa nacional de rádio e fez o papel dela mesma no cinema. Mas, acima de tudo, foi uma *party maker*, uma anfitriã profissional. Nas décadas de 1920 e 1930, quando morou na Europa, era a *hostess* dos expatriados americanos e das "princesas do dólar", filhas de magnatas que cruzavam o oceano para casar com nobres europeus já não tão ricos, e, assim, agregar fidalguia aos sobrenomes. Elsa promovia oportunidades de encontro para a alta sociedade. Podiam ser competições de vela para o príncipe de Mônaco, bailes de travestis em Paris ou festas, mais bobas que malucas, às quais o convidado devia comparecer com os trajes usados na hora em que recebeu o convite. Viveu alguns anos em Hollywood e depois se mudou para Nova York, que começava a assumir o lugar de Paris como centro do mundo.

No início dos anos dourados, o colunismo social norte-americano inventou a expressão "jet set"[2] para designar o grupo de bilionários adoradores de luxo e beleza que agora tinham aviões a jato para rodar o planeta atrás de diversão e lugares paradisíacos. "Exclusividade" era o nome do sonho realizado pelos grã-finos e almejado pelos excluídos que

---

2 A expressão foi inventada pelo colunista do *New York Journal-American*, Igor Cassini, em 1952, quando a British Overseas Airways Corporation (BOAC) inaugurou um voo com o Comet, o primeiro jato comercial, fabricado pela inglesa Havilland. O jet set, portanto, ainda não tinha à disposição os jatinhos particulares. A primeira e duradoura rota típica dos milionários, Londres-Nova York, é de 1958.

acompanhavam suas peripécias nas colunas sociais e revistas especializadas em retratar a doce vida dos famosos. "Elite era um termo tão simpático naqueles tempos que podia designar padarias, pensionatos ou escolas", lembra o embaixador Marcos Azambuja, que serviu ao Itamaraty em Paris, Londres, Genebra e Nova York, e se familiarizou com a alta-roda surgida nos anos de prosperidade da Era de Ouro.

Em 1955, aos 72 anos, Elsa Maxwell resolveu ingressar num novo ramo de diversão para milionários: os cruzeiros marítimos. Selecionou 120 celebridades internacionais para uma viagem pelas ilhas gregas patrocinada pelo armador Stavros Niarchos no iate *Achilleus*. Aimée era uma das convidadas, entre dezenas de princesas, condessas e duquesas.

Dono de 47 navios, Niarchos gastou 200 mil dólares nos quinze dias do passeio e declarou que tinha interesse apenas em promover o turismo na Grécia. O cruzeiro das celebridades, obviamente, também era mais uma batalha em sua guerra contra o rival Aristóteles Onassis. Os dois disputavam tudo, tamanho de frota, fortuna, esposas, namoradas e fama internacional. Ambos recuperaram navios da Segunda Guerra para transformá-los nos maiores petroleiros do mundo. Foram os primeiros a comprar ilhas privadas na Grécia, a Skorpios, de Onassis, e a Spetsopoula, de Niarchos. Onassis casou-se com Jacqueline Kennedy e namorou Maria Callas. Niarchos casou-se com Charlotte Ford, filha de Henry Ford II, depois com a filha de outro armador grego, que já fora esposa de Onassis, e namorou Pamela Harriman, ex de Gianni Agnelli, da Fiat. Niarchos terminaria ganhando do rival em frota e riqueza, mas perderia em fama aos olhos do público.

Elsa recepcionou sua seleção de estrelas com um baile em Veneza, onde estava ancorado o *Achilleus*. Antes da festa, concedeu uma entrevista à imprensa e se aborreceu com a quantidade de perguntas sobre as razões de alguns nomes famosos terem ficado de fora e sobre os critérios de sua lista. Suspirou fundo e, para encerrar a conversa, rosnou: "Queria pessoas que gastassem dinheiro". Relembrando essa frase, a revista *Time* descreveu os participantes do cruzeiro como "os globe-trotters mais solventes do cenário internacional". Eles embarcaram no iate em 8 de agosto. A bordo, também estava um enviado de Chatô, o repórter e fotógrafo de *O Cruzeiro*, Luiz Carlos Barreto.

No apartamento do Parque Guinle (RJ) onde vive, Barreto falou, pouco antes de completar 95 anos, sobre aquele verão de magnata que passou seguindo ordens do patrão. Maior produtor da história do cinema nacional, ele está acostumado com pedidos para vasculhar o passado. Diz que o escritor e amigo Jorge Amado já o havia prevenido: "Barretão, depois dos oitenta a gente só serve como arquivo".

Barreto lembra que, semanas antes do cruzeiro de Elsa, acompanhara Chatô na visita a Berlim para o lançamento do milionésimo fusca produzido pela Volkswagen. Chatô tinha sido convocado a participar dos festejos pelo empresário Joaquim Monteiro de Carvalho, que negociava a vinda da fábrica alemã para o Brasil. Ao fim da comemoração, Monteiro de Carvalho convidou-os para passar duas semanas na sua casa em Cap d'Antibes, na Côte d'Azur francesa, vizinha à do escritor inglês Somerset Maugham. Chatô suportou ficar apenas três dias naquele paraíso. "Isso de andar de shorts por quinze dias é coisa pra vagabundo, seu Barreto." Determinou que o jovem repórter permanecesse para se divertir e, ao final da folga, o encontrasse em Paris. Lá, Barreto recebeu a incumbência de acompanhar o cruzeiro das celebridades internacionais. "Dona Aimée vai participar, e eu fui convidado, mas não vou. Isso é para milionário ocioso, seu Barreto, coisa dessa burguesia sem compromissos."

A comandante Elsa, de boné e uniforme de almirante, marinho e dourado, recebeu os convidados a bordo do *Achilleus*. A orquestra do iate tocava músicas folclóricas gregas, e serviam-se champanhe e canapés. Logo que levantaram âncora do porto de Veneza, Elsa explicou ao microfone que alguns dos passeios previam "duras jornadas", com caminhadas e visitas a sítios arqueológicos. A ideia era que todos aprendessem sobre os lugares visitados e, para isso, teriam o acompanhamento de professores universitários (dois franceses e um inglês) e especialistas gregos. "Mas, claro, também vamos jogar um pouco de bridge e dançar. E há vinte filmes novos para vermos aqui na sala de projeção." Algumas regras, segundo ela, facilitariam a convivência entre os viajantes: "Se você usar seu chapéu com a aba virada para o lado, por exemplo, isso significará 'ninguém fale comigo' e assim aguentaremos melhor os quinze dias juntos".

Niarchos acompanhava a viagem num iate exclusivo, o luxuosíssimo *Créole*, com salas decoradas por pinturas de gênios impressionistas. Barreto lembra que o armador, sempre cercado por seguranças jovens e atléticos vestidos como playboys, tinha um "jeitão de gângster" e preferia ficar afastado da agitação, ao lado da namorada linda e misteriosa.

Entre os nomes famosos do cruzeiro,[3] a maior de todas as celebridades era a veterana atriz Olivia de Havilland, acompanhada pelo marido Pierre Galante, executivo da *Paris Match* e

---

[3] Nas duas reportagens de *O Cruzeiro* sobre a "Operação Maxwell", o repórter Luiz Carlos Barreto identificou: a princesa Maia Pia de Bourbon; Viola Grosvenor, duquesa de Westminster; a baronesa Afdera Franchetti; a condessa Marina Cicogna; a condessa Jacqueline de Contades; a viscondessa Marie-Laure de Noailles; a condessa Consuelo Crespi; a condessa Georgina Brandolini; o conde Jean Vyau de Lagarde; o duque Pierre de Brissac; e o ex--presidente do Conselho de Ministros da França, Paul Reynaud. Nas dezesseis páginas publicadas, Aimée mereceu seis fotos.

conhecido de Barreto. O casal gostava de dividir mesa e passeios com o grupo de brasileiros, integrado também pelo cônsul-geral do Brasil em Nova York, Hugo Gouthier, e sua mulher, Laís, assíduos no *high society* e amigos de longa data de Aimée, Elsa Maxwell e Chatô. Eles formavam uma turma interessada nas palestras e nos prospectos de estudos, e participaram de atividades práticas com os arqueólogos.

As visitas começaram pela ilha de Corfu, à entrada do mar Adriático, onde houve uma festa à noite, reforçada por outros milionários gregos e convidados da elite europeia. Entre estes, estava um primo do príncipe Paulo, fantasiado de mestre-cuca para surpreender os amigos. Também foram recebidos num almoço por outro Paulo, o rei da Grécia, e a rainha consorte, Frederica de Hanôver. A embaixatriz Laís Gouthier, hoje viúva de Hugo e vivendo no Rio de Janeiro, lembra que ela e Aimée não haviam levado chapéus de festa e precisaram recorrer a uma estilista local. Em Delfos, depois de aulas de mitologia, visitaram o templo de Apolo e as ruínas do anfiteatro encravado nas rochas do monte Parnaso. Em Santorini, circularam pelas ruelas estreitas e tortuosas e tiraram fotos montando jumentos. Conheceram todas as ilhas do Peloponeso.

Barreto supõe que, ciumento como era, o patrão o escalara para a viagem com a intenção de vigiar a namorada. Durante a excursão, lembra, Chatô pediu informações sobre ela a Gouthier, mas os cuidados lhe pareceram desnecessários: "Aimée era uma luz de beleza, muito cortejada, mas reinava acima de todos". Em cada porto que chegavam, havia um telegrama de Chatô aguardando por ela.

Em Atenas, um incidente policial perturbou a boa vida dos passageiros. As autoridades haviam fechado o Partenon para os turistas, liberando a entrada apenas para os visitantes ilustres. Porém, ao final da visita exclusiva, funcionários do museu notaram o sumiço de uma peça, a escultura de uma cabeça.

Chamaram a polícia e o *Achilleus* ficou detido por 72 horas no porto para passar por revista. Os investigadores pediram acesso aos camarotes dos passageiros, mas, apesar do risco de se tornar suspeita, Aimée se recusou a permitir que vasculhassem o seu. Elsa a apoiou, e foram as únicas que não tiveram as cabines reviradas na batida policial.

A escultura acabou encontrada no iate, mas ninguém jamais ficou sabendo quem era o larápio. Os brasileiros suspeitavam de um magnata venezuelano, embora Barreto admita que não tinham informações, só preconceitos. Laís, elegantemente, diz não se lembrar de incidentes desagradáveis. A notícia do roubo não apareceu em nenhum jornal.

16

A partir do baile de Corbeville, *O Cruzeiro* tornou Aimée um pouco mais conhecida no país, destacando cada recepção e festa que promovia. Amigos brasileiros da alta sociedade disputavam esses momentos. Socialites como Elisinha Moreira Salles e Evinha Monteiro de Carvalho (era comum que as mais célebres fossem chamadas pelo diminutivo), acompanhadas dos maridos Walther e Joaquim (conhecido por Baby), faziam parte do grupo dos mais assíduos, assim como outro Baby, o Pignatari, com a mulher Nelita Alves de Lima. Talvez quem jamais tenha faltado às celebrações no apartamento de Aimée foi um amigo que manteve por toda a vida, o príncipe francês Jean-Louis de Faucigny-Lucinge, casado com a brasileira Sílvia Amélia de Oliveira. O príncipe francês era um especialista, autor do livro *Legendary Parties* [Festas legendárias].

Chatô às vezes ouvia algum comentário de Aimée e, para agradá-la, transformava-o, sem aviso prévio, em nota assinada com o nome dela nas colunas de seus jornais. Sempre arrumava um jeito de citá-la como a Sinhazinha do Capibaribe e aproveitava para elogiar o algodão do Seridó. Em *O Cruzeiro*, chegou a comprar uma reportagem sobre monumentos egípcios ameaçados para conferir autoria a Aimée. "Ruínas do Egito pedem socorro" era um longo relato com detalhes técnicos e implicações sociopolíticas da construção da barragem Assuã, no Egito, que inundaria vários sítios arqueológicos. As fotos das seis páginas da reportagem eram de Jean Solari, o texto vinha assinado por Aimée de Heeren.

Não apenas o nome, mas também a presença de Aimée no país se tornava mais constante, facilitada por um mimo oferecido por Chatô. Depois de algumas notas desagradáveis publicadas, ele havia conseguido que o novo presidente da República, Juscelino Kubitschek, nomeasse Aimée consulesa honorária do Brasil em Biarritz. O cargo, sem rendimentos, dava direito ao passaporte vermelho, uma espécie de jet set express para amenizar o desconforto da grande-dama com suas dezenas de malas nas filas dos guichês de alfândega. Chatô também conseguiu, nos meses seguintes, que JK o nomeasse embaixador em Londres, apesar dos protestos da chancelaria britânica.

A família De Heeren foi morar oficialmente em Nova York em 1957. Para Rodman e Aimée, a vida pouco mudava, pois mantiveram o hábito das temporadas em Palm Beach, Biarritz e Paris. Na prática, a diferença agora era que Cristina estava matriculada numa escola da cidade e começava a preparação para entrar na universidade, conforme planejavam os pais.

O suntuoso lar nova-iorquino da família representou para Cristina algo semelhante ao que fora o castelo de Dunsany para sua tia. Não estava isolada no meio de bosques irlandeses como Vera; ao contrário, vivia no coração da metrópole, no número 17 da East 90th Street, quase com a Quinta Avenida. Os anos passados ali, porém, ainda são lembrados como um período triste, em que se sentia fora de lugar, inadequada e solitária. "Eu odiei a mudança", contou Cristina em entrevistas à imprensa espanhola.

A avó Fernanda Wanamaker aproveitava seus últimos anos de vida em Paris, e Cristina ficava muito tempo longe dos familiares, assistida por dezenas de empregados domésticos e pelas secretárias dos pais na cidade. A *townhouse* de tijolos escuros tinha uma fachada sem graça de pedras, no estilo neogeorgiano, com dois arcos esguios encimados por relevos de máscaras, uma feminina (Wanamaker) e outra masculina

(Munn). O hall era do tamanho de um salão de baile, de pé-direito duplo e arcadas. Lembrava a recepção de um hotel parisiense, com piso cabochão e foyer com poltronas floridas para acomodar visitantes sem acesso à ala residencial. Em frente, um elevador servia a todos os seis andares até o deck, de onde se podia avistar o Central Park. À direita, a imponente escadaria curva, de ferro e mármore branco, com tapete cor de vinho, levava à sala de estar principal do primeiro piso. O espaço exibia um antigo piano Bechstein de mogno num canto e, no lado oposto, uma lareira ornamental sustentando o raro relógio Luís XVI, em dourado e mármore branco.

As áreas íntimas da moradia de Cristina dispunham, no terceiro e quarto andares, de dez dormitórios, com lareiras de época em cada um deles e decoração monocromática, combinando cortinas, duvets, colchas e enfeites. A sala de jantar, de estofados verde-pistache e cortinado da mesma cor, acomodava vinte pessoas. No segundo andar, ficava a biblioteca que era a visão do paraíso para um amante de livros: toda de mogno, poltronas de couro, cortinas florais em azul, quadros antigos nas paredes, prateleiras recheadas de obras raras e coleções adquiridas em leilões. Nada na decoração suntuosa da casa remetia ao século XX, revelando um gosto grã-fino, mas antiquado: móveis Luís XV, peças de laca japonesa, lustres, tapeçarias, pinturas, estatuetas, vasos chineses, bibelôs franceses, castiçais, biombos, espelhos rococó, relógios de museu. Até as baixelas, os talheres e os cristais postos à mesa eram peças raras. No sexto andar ficavam cinco quartos de empregados com dois banheiros. No subsolo havia uma marcenaria completa, com equipamentos para trabalhos de restauração.

Cristina conseguiu se livrar de tudo isso em 1961, aos dezoito anos, quando convenceu os pais de que, antes de cursar ciência política na Universidade Columbia, faria um bacharelado sobre literatura espanhola na Universidade de Madri.

Foi um dos períodos mais alegres de sua juventude. No primeiro ano, antes de iniciarem as aulas, se dedicou ao conhecimento da cultura e da noite madrilenha. "Era uma cidade divertida para uma garota nos anos 60", relembrou. "Eu estava encharcada de diversão." Frequentava de preferência *tablaos*, os bares com um tablado de madeira onde se revezam bailarinos, guitarristas e cantores do flamenco. Seu *tablao* predileto era o El Duende, dirigido pelo mesmo Gitanillo de Triana que animara sua festa de debutante. Tinha até lugar marcado na mesa da famosa bailarina Pastora Imperio, a sevilhana que encantou Hemingway e John dos Passos.[1] Cristina chegou a encomendar vestidos de dança e, mesmo tímida, ensaiou alguns movimentos. Nos feriados, recebia visitas dos pais, com quem viajava pelo interior da Espanha, tentando amenizar as preocupações deles com sua agitada vida noturna e o caso fugaz que teve com um artista de flamenco.

Em Madri, Cristina assistiu a espetáculos de coreógrafos e dançarinos lendários da cultura espanhola. Também se aproximou de um amigo do pai, o toureiro Antonio Ordóñez, que conhecera na meninice. "Ele se tornou não apenas meu ídolo, mas também um amigo fiel e generoso." Na casa de El Catedrático, conviveu com artistas e se aprofundou no estudo das sutilezas regionais da música.

Quando começou o curso universitário, no ano seguinte, evitou se meter em política, seguindo fiel à boemia. Passava madrugadas no El Duende, com um carro esperando-a na

---

[1] Na Espanha pré-Revolução Civil, o escritor John dos Passos levava ex-colegas de Harvard e amigos americanos como Hemingway para conhecer "a maior" dançarina do mundo. Num pequeno teatro apertado, Pastor Imperio apresentava a Dança da Morte, bailado que, segundo Dos Passos, dava ao Eros da dança um sentido trágico verdadeiramente espanhol. "Ela está na ribalta; seu rosto, com o sobrecenho contraído, oculto na sombra; o xale flameja, a flor granadina sobre o seio arde como uma brasa", descreveu.

porta. Algumas vezes, saía do bar com o sol a pino e pedia ao motorista para levá-la direto à faculdade para assistir às aulas do poeta Carlos Bousoño, as únicas que não admitia perder. "Essas eram emocionantes." Ao final dos estudos, apresentou uma tese sobre o filósofo e escritor espanhol Miguel de Unamuno, que considerava um precursor do existencialismo.

A "beleza exótica e sedutora" do flamenco se converteu na paixão definitiva. Dizia que ouvir uma boa guitarra mudava seu humor. O canto a comovia, "soando como música sacra", e as letras concisas a enchiam de admiração pelos "sábios populares". Passou a entender o flamenco como uma arte respeitável e complexa, na fusão entre o folclore espanhol e a cultura moura, diferente de qualquer outro gênero. Aprendeu um pouco de violão e cogitou ser cantora, mas aceitou que não levava jeito e mudou de sonho: ia morar numa fazenda na Andaluzia e virar escritora. Os pais, no entanto, exigiram que, primeiro, voltasse a Nova York para cursar a universidade. "Foi horrível mais uma vez."

Agora, Cristina, que amava o apartamento madrilenho e odiava a *townhouse*, tinha, em vez dos *tablaos*, a Studio 54, a famosa boate onde até tentou se divertir duas ou três vezes. "Mas não me empolguei com aquele mundo, inclusive porque a questão das drogas sempre me assustou." Para animar a filha, Rodman descobriu para ela um *tablao* em Nova York chamado Chateau Madrid. Era um lugar modesto, com teto tão baixo que as bailarinas mal conseguiam levantar os braços nas *bulerías* mais vibrantes. Não durou muito, mas lhe serviu de consolo por uns tempos.

Cristina acabou trocando o curso de ciência política pela licenciatura em literatura comparada, em Columbia. Estudou também artes dramáticas na escola do ator e diretor Herbert Berghof, um dos fundadores do Actors Studio. Estava determinada a, depois de formada, se mudar de Nova York.

Em 1912, Genésio Sotto Maior de Sá e Julieta Sampaio Quentel de Sá, com as filhas Aimée e Vera, a caçula, no estúdio do fotógrafo J. Jorgensen, em Castro (PR).

Acima, em convívio com a família Vargas: a filha do presidente, Alzira (primeira à esq.); Luís Simões Lopes (de chapéu); Aimée; e, à frente dela, a primeira-dama Darci Vargas.

Abaixo, à esq. Aimée, íntima de Alzira Vargas, que trabalhava no gabinete do pai.

À dir., Getúlio ao lado de Vera, a irmã de Aimée que o ensinou a jogar golfe.

Já separada de Simões Lopes, em 1938, Aimée acompanha Getúlio na viagem a Poços de Caldas. Alzira (de óculos escuros) está ao lado do pai.

Na página ao lado, a primeira foto de Aimée publicada em uma
revista internacional de moda, meses após sua chegada a Paris.

Acima, Aimée vestindo Dior no Bal-Cirque, o último
grande baile de Paris antes da ocupação nazista.

Na página ao lado, o retrato de Aimée pintado por Candido Portinari.

Orson Welles encantado com Aimée no Bal Oriental
do Palazzo Labia, em Veneza, em 1951.

Aimée com a filha Cristina em Biarritz, em 1951.

Na página anterior, Aimée surge como a "Sinhazinha do Capibaribe" no baile de Corbeville, promovido por Assis Chateaubriand, em 1952.

Acima, Aimée com Chatô e o filho Gilberto Chateaubriand, nas celebrações da coroação de Elizabeth II, no Palácio de Buckingham. E, abaixo, com Olivia de Havilland e o marido Pierre Galante, no cruzeiro das estrelas pelas ilhas gregas.

Um jantar no Plaza Athénée na companhia do
embaixador Caio de Melo Franco.

Em 1965, em missão cultural na União Soviética, Aimée preside
uma sessão solene da Academia de Ciências de Leningrado.

Em 2003, com a decoradora Ana Maria Indio da Costa, no "último aniversário" em Biarritz. À dir., os sobrinhos de Aimée, William e Luiza Prettyman.

Na página anterior, numa festa em 1990. Essa era uma das fotos prediletas de Aimée, guardada por Ana Maria Indio da Costa.

Acima, Maria Aparecida de Oliveira, que acompanhou Aimée nos últimos anos de vida. Ao lado, a filha Cristina, na sede de sua fundação de flamenco, em Sevilha.

Na página seguinte, fotografada por John Rawlings, da *Vogue*, um ano depois de ser retratada por Portinari.

17

Enquanto a filha morria de saudades da Espanha, Aimée fazia várias viagens ao Brasil para visitar o amigo Chatô, que tinha sofrido uma trombose em fevereiro de 1960 e ficado tetraplégico. Nos primeiros meses de convalescença, ele se recusava a receber visitas femininas. Aimée e outras amigas procuraram vê-lo, mas foram barradas. Com o tempo, foi convencido a aceitar a presença de mulheres, mas exigia trocar os pijamas (traje costumeiro até para receber ministros) por terno e gravata de seda. Chatô passou temporadas de vários meses em centros de reabilitação de Nova York e Londres sem obter avanços. Locomovia-se em cadeira de rodas e se comunicava por grunhidos traduzidos por sua enfermeira, ou com a máquina de escrever adaptada para o único dedo que conseguia mover — e ainda apontar desafetos.

Em meados de 1963, Chatô resolveu criar pelo país vários museus regionais com o nome dos Diários Associados e o modelo Masp de contribuições empresariais. Convidou Aimée para se integrar à nova campanha numa viagem ao Nordeste, onde começava a buscar fundos,[1] mas acabou não conseguindo acompanhá-la nas visitas. Estava com a saúde debilitada por conta de uma broncopneumonia e atrapalhado com dificuldades financeiras urgentes em suas empresas. Quem recebeu Aimée

[1] Aimée participou da campanha pelos museus regionais de Chatô doando o quadro *Eu, ou um calmo jantar*, do pintor irlandês Patrick Proctor. Vera Prettyman também colaborou com a doação do quadro *Duas vezes você*, do pintor inglês Antony Donaldson.

em Recife em nome dos Diários Associados foi Gilberto Freyre, oferecendo-lhe um jantar em sua casa de Apipucos. O sociólogo relatou o encontro no *Diario de Pernambuco*, num artigo com o título "Em louvor de uma Wanderley". Foi o primeiro perfil publicado na imprensa nacional que não se limitava apenas à fama de Aimée na Europa ou à sua dedicação ao Masp.

"Assis Chateaubriand [...] ordena que eu [...] receba em seu nome, nesta cidade que já foi holandesa sem nunca ter deixado de ser brasileira, a mais encantadora das Wanderleys: a bela Madame de Heeren."

Chatô dissera a Freyre que Aimée de Heeren descendia de holandeses. O sociólogo imaginou que, de algum modo, seria parente, portanto, do suposto responsável por gerações e gerações de Wanderley brasileiros, o mítico Kaspar van der Ley, militar que permaneceu por aqui depois das invasões holandesas.

> Ser alguém Wanderley [...] é pertencer a uma família fundada no começo do século XVII. [...] Foi Kaspar van der Ley, ao proferir no Brasil o primeiro grande "fico". Outros que voltassem ao frio do norte da Europa; ele, Kaspar, ficava. Ficava no trópico, no calor, no quente desta terra de cajueiros e de sabiás.

Aimée representava, segundo Freyre, a expressão mais alta de nossa estirpe de sinhás Wanderley, criadas "à sombra de casa-grande patriarcal de engenho" e incrivelmente belas, graças à mistura de raças. "Nenhuma [há], porém, que seja tão sinhá como Aimée, condessa de Heeren", escreveu, acrescentando, por sua conta, um título de nobreza à homenageada.

A "Sinhazinha da Várzea do Capibaribe", surgida em Corbeville para enaltecer o algodão do Seridó, baixava no Brasil como "Sinhazinha Wanderley". Na edição de *O Cruzeiro* de 1º de janeiro de 1964, que cobriu a visita a Salvador, a nova descendência já tinha virado manchete de reportagem de cinco páginas: "Uma sinhazinha Wanderley no Recôncavo". Abaixo do título, uma foto de Aimée admirando a capital baiana da murada da igreja de São Francisco. "A paisagem e a unção da Bahia conquistaram a sinhazinha Wanderley", dizia a legenda. O texto era obra do diretor dos Diários Associados na Bahia, o jornalista e poeta Odorico Tavares. Ele esclarecia na reportagem que, durante uma visita à exposição do acervo do Masp no museu de Utrecht, na Holanda, Chatô lhe contara que a família de Aimée provinha dos "batavos que invadiram Pernambuco". Chatô havia lhe explicado, inclusive, que os descendentes de Kaspar van der Ley tinham se espalhado pelo país, do Rio Grande do Norte à Bahia, e que Aimée era da linhagem potiguar.

Odorico Tavares destacou em seu texto a fama na Europa e nas Américas, o bom gosto e o charme de Aimée, as contribuições dela para o Masp e enalteceu seu patriotismo. "Como uma brasileira longe da pátria, somente tem um pensamento, uma ideia, uma ação: ver o Brasil enriquecido nas suas bases mais permanentes, que é sua cultura." Na mesma reportagem, Chatô contou aos leitores o quanto Aimée sobressaía nas solenidades da alta sociedade parisiense: "Os valores sociais mais legítimos da França cercavam a garrida Wanderleyzinha, a qual afirmava o império de sua personalidade, graças a este raro condão de atrair e fixar as amizades, que é um dos traços acentuados de sua arte de conviver". Acostumada a perdoar as "tonterias" de Chatô até mesmo quando ele estava bem de saúde, Aimée passou ao largo da genealogia delirante que envolvia o sobrenome do marido e, com elegância, reafirmou a nacionalidade, numa declaração vertida por Tavares para a revista:

Tinha necessidade de vir à terra de tantos Wanderleys ilustres, revigorar as minhas puras e autênticas raízes brasileiras.

Em Paris, Biarritz, Miami[2] ou Nova York, onde resido, é no Brasil que vivo, voltada para a minha terra, orgulhosa dela e procurando sempre dar de mim mesma, para dela ser fiel e para sempre. Veja, se um dia sequer pudesse eu me omitir de minha condição de brasileira, bastava este momento para penitenciar-me. A Bahia é uma embriaguez permanente de brasilidade.

Ao contrário do que poderia sugerir o apelido, a versão baiana da sinhazinha era classuda e discreta. As fotos da viagem mostram uma mulher madura, de beleza serena, cabelos mais curtos, roupas e joias clássicas, sorrisos amenos e certa melancolia no olhar. Comedida também foi sua agenda na cidade. Aimée percorreu igrejas, visitou museus, admirou crepúsculos no alto de Santa Teresa e lançou a pedra fundamental de um viveiro de colibris doado à prefeitura pelo Banco da Bahia. Dois empresários amigos de Chatô ofereceram-lhe homenagens. Na casa de Anísio Massorra, diretor da Linha Circular de Carris, que operava os bondes de Salvador, foi apresentada a uma coleção de porcelanas da Companhia das Índias. No almoço oferecido pelo dono do Banco da Bahia, Clemente Mariani, conheceu outra coletânea familiar de objetos antigos e elogiou um gomil (jarro de boca estreita para verter água nas mãos) do século XVIII.

Embora a reportagem não fizesse menção à coincidência, o banqueiro Mariani era bisneto de uma legítima Wanderley baiana, a senhora de terras dona Ana Joaquina Mariani Wanderley, filha de outro ilustre membro da família, o barão de Cotegipe, João Maurício Wanderley.

---

2 Tavares, provavelmente, confundiu Palm Beach com Miami.

18

Aimée e Cristina viajaram juntas para Moscou em outubro de 1965. A mãe era convidada a discursar na Academia de Ciências da União Soviética, chefiando uma missão que buscava recuperar importantes documentos para a história brasileira. A filha precisou superar a timidez durante as três semanas da viagem para encarar solenidades onde ocupava lugar de destaque à vista de bateladas de desconhecidos.

A história da missão cultural começou na visita a Salvador, quando Aimée conheceu dom Clemente da Silva-Nigra, diretor do Museu de Arte Sacra da Bahia. O religioso beneditino lhe contou que, em recente viagem de pesquisas à União Soviética, havia localizado originais da expedição científica do barão Langsdorff, que viajara pelo interior do Brasil no início do século XIX. Dom Clemente mostrou a Aimée uma série de fotos de gravuras e desenhos de Johann Rugendas, Aimé-Adrien Taunay e Hercule Florence, os três grandes artistas que acompanharam a viagem do explorador, financiada pelo tsar Alexandre I. Além desse material, disse que também estavam preservadas no museu de Leningrado várias folhas de desenhos de animais e plantas do pintor Frans Post, integrante da missão holandesa de Maurício de Nassau, e aquarelas sobre a Amazônia adquiridas pelo tsar Pedro, o Grande. Rigoroso pesquisador de manuscritos beneditinos e da arte sacra colonial, dom Clemente buscava apoio para continuar os estudos sobre a coleção e divulgá-la no Brasil.

De Biarritz, Aimée escreveu uma carta a Chatô propondo que a Fundação de Estudos Históricos Dom Pedro II, da qual era vice-presidente (nomeada por ele), apoiasse o trabalho de dom Clemente. Sugeriu que a embaixada soviética no Brasil fosse procurada para facilitar a visita de uma missão cultural para tratar do tema, e que *O Cruzeiro* fizesse a cobertura da expedição, divulgando em primeira mão os documentos e as obras artísticas descobertas.

Na cabeça de Chatô, a ideia de uma viagem a Moscou fez sentido para suas preocupações do momento com a saúde e a política. Ele havia aderido ao golpe militar de 1964 e dado respaldo aos primeiros atos da ditadura. Mas sempre vivera de apoiar presidentes e depois azucriná-los com interesses particulares. Meses antes do pedido de Aimée, soubera que o governo pretendia construir uma fábrica de papel imprensa no Paraná e enxergara aí uma razão para subir o tom, retomando o velho estilo: "Será o presidente Castelo Branco um bêbado?", fustigou num editorial. Chatô já tinha desagradado os militares promovendo uma ruidosa recepção para o embaixador soviético no Brasil, Andrei Fomin, em nome do fortalecimento das relações comerciais com a "Cortina de Ferro". Fomin, que abastecia a dispensa do jornalista com caviar, o aconselhara a visitar Moscou para se tratar no Instituto de Pesquisas Neurológicas, que testava novas técnicas para recuperação de tetraplégicos. Chatô se interessou, mas foi desaconselhado a viajar por seu amigo, o vice-presidente José Maria Alkmin, que temia o risco de a visita parecer nova provocação ao governo. Os militares não tinham a menor intenção de tomar iniciativas de aproximação com a União Soviética.

Chatô sentiu que o caráter cultural da missão capitaneada pela Fundação Pedro II[1] poderia amenizar arestas e merecer o

---

[1] As atividades da fundação ainda eram basicamente protocolares.

apoio da diplomacia brasileira. Era uma solução capaz de deixar os militares calmos; Aimée, feliz; e ele, sem empecilhos para correr atrás da cura. Trabalhou, então, para que a missão cultural privada crescesse até parecer uma missão de Estado, contando com total colaboração do embaixador soviético, interessado em adular o tsar da imprensa brasileira.

Aimée e Cristina encontraram Chatô em Amsterdam e dali embarcaram para Moscou. Dom Clemente e o jornalista Odorico Tavares faziam parte da missão, completada por um séquito particular de Chatô: um médico, a enfermeira-chefe acostumada a traduzir seus murmúrios, um auxiliar de enfermagem e o motorista, que tinha a única função de empurrar a cadeira de rodas. Na bagagem iam a máquina de escrever cheia de roldanas que usava e dezenas de obras de artistas nacionais,[2] arrecadadas para a embaixada brasileira doar a museus soviéticos.

A missão foi recebida com pompa reservada a delegações oficiais e hospedada nas suítes do Hotel Moskva, que Chatô equiparou a um hotel de segunda classe em Goiânia. Em sessão solene da Academia de Ciências da União Soviética, Aimée abriu os trabalhos na condição de presidente da missão brasileira e uma jornalista russa leu o discurso autocongratulatório escrito por Chatô. De início, o texto lembrava o apoio que o jornalista sempre dera, desde os tempos de embaixador em Londres, para revigorar as relações comerciais entre os dois países: "[...] um pequeno servidor da paz dos povos, que faz ouvir, tanto quanto pode, a voz do sino soviético na América Latina". Logo adiante, destacava os princípios éticos dos Diários Associados: "[...] faz parte do nosso programa jornalístico

[2] Entre as obras doadas, havia quadros de Di Cavalcanti, Aldemir Martins, Carybé, Djanira, Emanoel Araújo, Jenner Augusto, Clóvis Graciano, Fernando Coelho, Carlos Bastos, Tamaki e Querino da Silva; esculturas de Mário Cravo e Felícia Leirner; e uma tapeçaria de Genaro de Carvalho.

ouvir sempre a voz do toque do outro sino. Assim as nações se entendem melhor".

Grande parte da programação não foi acompanhada por Chatô, que todas as manhãs se dirigia ao Instituto de Pesquisas Neurológicas para se submeter a um tratamento penoso. A missão visitou o mausoléu de Lênin, uma fazenda coletiva, o Museu Hermitage, assistiu a espetáculos do Balé Bolshoi e deu entrevistas ao *Pravda*. Foi recebida pela Universidade de Moscou, pela Comissão de Relações Culturais com Países Estrangeiros e pela agência de notícias Novosti. Na Casa da Amizade, o compositor armênio Aram Khachaturian, admirador de Villa-Lobos, presidiu uma mesa-redonda sobre preservação cultural com participação de Aimée, dom Clemente e intelectuais soviéticos. Depois de discursos em série e muitos brindes de vodca, assinaram-se acordos para estudos e publicação do acervo. As obras de artistas brasileiros foram distribuídas pelas repartições e museus visitados. Chatô também presenteou várias autoridades com ponchos de gaúcho.

Aimée desfilou na União Soviética um guarda-roupa variado e clássico; já tinha cabelos loiros e usava óculos para ler os discursos. Cristina a acompanhava do modo mais discreto possível. Era uma jovem baixa, magra e forte, e cada vez mais parecida com o pai. Com cabelos curtos e lisos penteados para trás, presos numa tiara estreita, vestia roupas sóbrias. Nas várias entrevistas que Cristina concedeu ao longo da vida, jamais citou essa viagem entre suas lembranças.

O acervo visitado em Leningrado, onde os sobreviventes da expedição de Langsdorff montaram um herbanário de 60 mil exemplares levados do Brasil, era muito mais importante do que esperavam. Langsdorff explorou, entre 1822 e 1829, o interior de Minas Gerais, São Paulo, Mato Grosso do Sul, Mato Grosso e Pará, acompanhado de um grupo de naturalistas e artistas. A coleção de Leningrado contava com 298 pranchas produzidas na expedição, das quais 67 eram paisagens de fazendas e montanhas mineiras assinadas por Rugendas, o pintor alemão que produziu a mais clássica representação do Brasil recém-independente do início do século XIX. Guaches impressionantes mostravam a intimidade dos indígenas bororo que conviveram com Taunay e guerreiros apiaká perfilados para serem retratados por Florence no rio Arinos (MT). Estavam conservadas ainda as mais de trezentas páginas do diário daquela trágica aventura: Taunay, de 24 anos, morreu afogado quando tentava atravessar a nado as correntezas do rio Guaporé; Langsdorff contraiu febre tifoide, enlouqueceu antes de chegar ao Pará e acabou seus dias delirando em Freiburg, na Alemanha.

A Academia de Ciências de Leningrado guardava também outros dois arquivos. O primeiro continha 124 desenhos (de mamíferos, lagostins, insetos, répteis, peixes e aves) de Frans Post e dezenas de trabalhos do naturalista holandês Georg Margrave. O outro reunia 135 aquarelas de cores vivas da pintora e naturalista Maria Sybilla Merian, que visitara a Guiana Holandesa e a Amazônia em 1686.

O Cruzeiro publicou a série "Chateaubriand em Moscou" em três edições consecutivas. Começou com "As portas da amizade", apresentando o histórico da missão e as pesquisas de dom Clemente. A segunda, "Arte é arte de conquistar os russos", fazia rasgados elogios a Aimée como desbravadora da cultura. Por último, "A descoberta do tesouro" revelava aos brasileiros o acervo encontrado. Nenhuma menção ao tratamento de Chatô. Ele tinha sido informado pelos médicos de que não existia na União Soviética procedimento capaz de devolver-lhe os movimentos.

Aimée só voltou a ver Chatô pouco antes da morte dele, em abril de 1968, em São Paulo. O amigo já estava hospitalizado havia mais de dois meses, com poucos momentos de consciência. Durante a semana que ficou na cidade, hospedada na casa de parentes, visitava Chatô às tardes, no Hospital Santa Catarina, e deu-lhe de presente livros de Proust e André Maurois para "ler quando sarar". Ela saía das visitas e ia sozinha até o centro, apreciar o acervo que ajudara a montar no Masp, prestes a se mudar para a sede atual.

A elite paulista homenageou-a com festas e jantares quase todos os dias. Era próxima do casal Dora e Odilon de Souza, mas, sem dúvida, tinha como amiga mais íntima na cidade Renata da Cunha Bueno Mellão,[3] presença frequente nas recepções que oferecia em Paris e Nova York. Em novembro de 1968, Renata Mellão teria sua consagração, hospedando a rainha Elizabeth II em sua fazenda de Campinas, durante a visita da soberana a São Paulo para a inauguração do novo prédio do Masp.

Chatô morreu, vítima de colapso cardíaco, uma semana depois de Aimée viajar de São Paulo a Palm Beach, para receber convidados em Louwana. O velório, na sede dos Diários Associados, durou três dias, com longas filas de visitantes. Pietro Maria Bardi, diretor do Masp, prestou homenagem ao velho companheiro pendurando atrás do caixão três obras-primas de dimensões enormes. O primeiro quadro, ruidosamente pregado na parede em plena cerimônia de exéquias, foi um Ticiano, *Retrato do cardeal Cristoforo Madruzzo*, o organizador do Concílio de Trento. A segunda obra era o magnífico Goya que eternizou o sorriso do cardeal Juan Antonio Llorente, o homem decisivo para o fim da Inquisição espanhola. Entre as duas pinturas, Bardi fixou um achado de

---

[3] Renata da Cunha Bueno, casada com Sérgio Mellão, era herdeira de uma família de barões do café, que também tinha negócios no Porto de Santos. Considerada uma das mulheres mais elegantes de São Paulo, morreu em fevereiro de 2023.

Aimée: a *Banhista e o cão griffon*. Acima da cabeça de Chatô, no meio dos dois religiosos, reluzia a nudez da modelo de Renoir. Com seios à mostra e uma mão cobrindo o sexo, ela se banhava sob o olhar lânguido de outra mulher, aconchegada na relva à beira do rio Sena.

19

A cartilha do livro *Noblesse oblige*, que descrevia os hábitos da aristocracia na Inglaterra, recomendava: "Uma dama jamais deve usar joias falsas, roupa de baixo colorida e diamantes antes do café da manhã". A ortodoxia britânica era natural para Aimée, que gostava de passar temporadas em Londres depois das intensas viagens ao Brasil na década de 1960. No entanto, para sua surpresa, surgira justamente no reino dos Windsor uma onda com força para bagunçar o mundo da moda que ela dominava.

As tendências do momento não tinham mais nada a ver com gente chique e bem vivida. Pela primeira vez na história, a moda era feita para os jovens. Livres do alistamento militar que devastara a vida de seus pais e avós, e com tempo livre para gozar a época de prosperidade, eles celebravam a criatividade e a ousadia em detrimento do berço e da fortuna. A geração era próspera, numerosa, autoconfiante e mimada. Podiam comprar roupas coloridas, discos, vitrolas, ingressos para cinema e shows e exibiam uma autocomplacência robusta.

A elite não impunha mais seu jeito de vestir. Ao contrário de todos os privilegiados do passado, os *baby boomers* se inspiravam no linguajar, na música e nos modos da classe trabalhadora. Os cabelos substituíram os chapéus como importantes meios de expressão. Influenciados pela hegemonia cultural dos Estados Unidos, idolatravam a música negra e os jovens rebeldes dos filmes americanos. O glamour e o privilégio perderam a relevância dos anos 1950, e ser esquisita, agora, era mais atraente que usar roupas esplêndidas. A Era de Ouro havia alargado o abismo entre gerações.

No início da década, na região de King's Road, em Chelsea, uma safra de estilistas começara a criar minissaias com estampas geométricas, túnicas, meias-calças coloridas, *hot pants* metálicas e botas estilo go-go. Para pessoas como Aimée, pareciam fantasias infantis. O nome da vez era Mary Quant. Ela iniciou a revolução com uma pequena loja, a Bazaar, que virou símbolo de vanguarda e multiplicou pontos de venda pelo mundo todo. Em 1965, a indústria francesa de roupas femininas já produzia mais calças que saias. Em 1967, se contavam quase 2 mil autodenominadas "butiques" em Londres, vendendo roupas iguais às das lojas ao longo da Carnaby Street.

O blue jeans prevaleceu e a minissaia criada por Quant foi mais que um pedaço de pano de trinta centímetros. A partir dela, uma linha moralista se rompeu e o comprimento das saias e vestidos podia ser qualquer um, com pequenas variações de tempos em tempos para movimentar o mercado.

A alta-costura, sobrevivente de duas guerras, se mostrou, mais uma vez, indestrutível. De início houve uma capitulação: as marcas prestigiosas se renderam às mudanças e passaram a produzir para o mercado de massa, diretamente ou sob franquia. Mas, acima de tudo, as *maisons* sobreviveram graças a seus grandes criadores, que transformaram o ofício em arte. Christian Dior já tinha morrido, mas a elite ainda podia socorrer-se de mestres que aproveitaram a liberdade concedida pelos novos tempos, como Cristóbal Balenciaga,[1]

---

[1] Balenciaga deixou uma legião de seguidores, como Oscar de la Renta, Andrès Corrèges, Emanuel Ungaro e, principalmente, o amigo Givenchy. No entanto, pouco antes de morrer, em 1972, sentenciou: "A vida que sustentava a alta-costura não existe mais. A verdadeira alta-costura é um luxo que não cabe mais no mundo". Aimée, apesar do presságio, continuaria reverenciando a moda por mais três décadas.

o "arquiteto da alta-costura". O costureiro espanhol enfrentou a sede por ousadias inventando casacos cortados como quimonos e criando as formas simples e puras dos vestidos-saco, vestidos-túnica e vestidos-chemise. A veterana Coco Chanel o admirava como "o último dos autênticos", capaz de dominar com excelência todas as etapas e técnicas da *haute couture*. E Chanel, em geral, era implicante com as vanguardas florescentes. Dizia, por exemplo, que Paco Rabanne, com suas roupas de discos de metal, correntes e placas de alumínio, feitas a alicate em vez de agulha e linha, era metalúrgico, não costureiro.

Nas visitas a Londres nos anos 1960, muitas vezes Aimée ficava hospedada na mansão palaciana da 54 Mount Street, no bairro de Mayfair, sede da embaixada brasileira. O embaixador Sérgio Correia da Costa e a esposa Zazi, neta de Oswaldo Aranha, eram seus conhecidos de longa data. Mas havia uma atração extra para justificar a assiduidade de Aimée na Grã-Bretanha. Ela descobrira (provavelmente em 1967) uma paixão outonal, Walter John Montagu-Douglas-Scott, o oitavo duque de Buccleuch. As famílias dos amantes se conheciam e conviviam — na sala do apartamento de Aimée havia um retrato de divertidas férias que passaram juntos. Anos mais tarde, Cristina e uma filha do duque encontraram as cartas apaixonadas trocadas entre seus pais-amantes.

Ex-militar, defensor da paz em separado com os alemães em 1940, político do Partido Unionista escocês, primo de Elizabeth II, o duque de Buccleuch beirava os setenta anos. Maior proprietário de bens do Reino Unido, possuía três castelos, um para cada ramo do sobrenome composto: a Boughton House, dos Montagu, em Northamptonshire, ao norte de Londres; o Drumlanrig Castle, dos Douglas, no sul escocês; e a Bowhill House, da linha Scott, em Selkirk, também na Escócia. Seus descendentes, ainda hoje, são donos de um dos maiores latifúndios da Europa, abastecendo anualmente os frigoríficos com quase 14 mil cabeças de gado.

O namoro se prolongou por quase três anos e não foi grande segredo para a aristocracia da época. Aimée e o duque passaram temporadas em Veneza e circularam por eventos sociais "como um casal evidentemente apaixonado", segundo testemunhou a embaixatriz Laís Gouthier, que foi sua parceira no cruzeiro pelas ilhas gregas. Aimée também relembrou e comentou esse caso como não havia feito com nenhum de seus relacionamentos anteriores. Falava com saudades de Boughton House, a residência predileta dela e do duque, um palácio cercado por jardins simétricos inspirados em Versalhes, com paredes repletas de quadros de Gainsborough e, no salão principal, a impressionante *A adoração dos pastores*, de El Greco. "Aquele castelo eu gostaria de ter herdado..." Às vezes, soltava pequenas confidências bem-humoradas sobre o namoro. Em ocasiões diferentes, duas amigas (que preferem se manter anônimas) ouviram a descrição da mesma cena, quando, por alguma razão eventual, Aimée citava o hotel Claridge's na conversa: "Sempre lembro de uma noite ali. Eu subindo por aquelas escadas correndo, com o duque correndo atrás". Eram inúteis as tentativas de obter mais algum comentário depois de declarações como essa. Aimée tinha assuntos ótimos para mudar o rumo da conversa e seu charme para tergiversar sem ofender ninguém acabava cultuado pelas fiéis admiradoras.

Pouco encontrava a filha, que estava vivendo em Paris. Uma não suportava o estilo de vida da outra e seus encontros sempre azedavam em críticas e conselhos mal recebidos de parte a parte. Para Cristina, a mãe era ausente, fútil e manipuladora. Para Aimée, a filha era desleixada, sem qualquer habilidade para o convívio social e teimosa. Os namoros de ambas eram motivos de discórdia e duradouros ressentimentos.

Em maio de 1968, Cristina morava à margem esquerda do Sena, em pleno Quartier Latin. Foi justamente ali, abaixo de suas janelas, que "a calçada e o paralelepípedo tornaram-se os símbolos de uma geração revoltada", na definição de Daniel Cohn-Bendit, o popular líder do movimento estudantil francês, conhecido como Dany Le Rouge.

Com 25 anos, Cristina tinha deixado Nova York e trabalhava como montadora numa pequena produtora de documentários e filmes publicitários. Era um ofício técnico e mal remunerado, que dividia com um grupo de colegas vietnamitas. "Quando o rolo de filme chegava, pegávamos a tesoura, cortávamos os trechos preferidos e colávamos." Em seguida, o diretor, que ela achava "mágico e habilidoso", escolhia as melhores versões e vinha, então, a parte divertida do trabalho: "Acrescentar a música, o que eu adorava".

Seu apartamento ficava na área luxuosa do bairro boêmio, para os lados de Saint-Germain. No prédio também morava o ator Yves Montand e, num dos apartamentos menores, no quarto andar, o escritor Julio Cortázar, que vivia com seus gatos e, segundo Cristina, costumava receber a namorada americana, filha de um correspondente do *Washington Post*. "Cortázar era um homem muito simpático, mas só nos encontrávamos nas escadas."

De jaquetas escuras e bonés estilo Lênin, os estudantes haviam ocupado a Sorbonne e resistiam com passeatas por todo o Quartier Latin. Desafiavam a velha ordem e vociferavam uma cacofonia de planos e sonhos. Pichações de lemas libertários cobriam os muros e uma das músicas prediletas dos manifestantes avisava que os jovens queriam o mundo, e queriam já. O bairro estava repleto de ruas de terra, com os paralelepípedos arrancados e empilhados em barricadas reforçadas por carros incinerados e lixeiras fumegantes.

O gás lacrimogêneo jogado pela polícia sobre a rapaziada chegava à janela de Cristina, que fechava os vidros porque seu poodle tossia muito com a fumaça. Ela torcia pelos policiais: "Coitados, tinham que aguentar sem reagir todos os gritos e desaforos que ouviam dos estudantes". O que não faltou em Paris naqueles dias foi uma dura repressão policial, mas ela não se comovia com a revolução sonhada nas ruas: "Achava tudo inútil. Sabia que depois daquilo nada mudaria, porque conheço a mentalidade dos franceses". Era uma jovem conservadora em política, como os pais.

Em 1973, quando o duque de Buccleuch morreu, o romance com Aimée já tinha acabado, mas ela fez questão de comparecer aos funerais. Hospedada na embaixada brasileira pelos amigos Sérgio e Zazi Correia da Costa, tomou cuidados especiais com o traje que usaria no dia do enterro, evitando o preto tradicional, como testemunhou a filha dos embaixadores, Maria Ignez Barbosa.[2] Jornalista talentosa, correspondente do *Jornal do Brasil*, ela relembrou a cena numa crônica, anos mais tarde: "Loura, olhos verdes e vestindo um tailleur marrom bem, bem escuro". A cor havia sido uma escolha ponderada, que justificou com graça: "[Para] que não me confundam com a viúva".

---

[2] Maria Ignez Barbosa foi embaixatriz brasileira em Londres (de 1994 a 1999) e Washington (de 1999 a 2004), acompanhando o marido, o embaixador Rubens Barbosa.

20

Não é raro ouvir o termo "cortesã" associado ao nome de Aimée de Heeren. Trata-se de um erro duplamente grosseiro. Na origem, essa palavra embaralhava os conceitos da palaciana com o da mulher da vida. A diferença entre a cortesã e uma meretriz, a princípio, era apenas territorial: a primeira não morava num bordel. Ela pertencia às cortes, convivia com as senhoras respeitáveis, tinha os mesmos modos e também usava vestidos caros e pencas de joias — às custas dos maridos das damas. Várias dessas mulheres sensuais entraram para a história, como Madame Pompadour, amante oficial de Luís XV, ou a bailarina Agustina Otero, da belle époque francesa, perita na arte de revezar magnatas internacionais na cama e no custeio das contas.

Pamela Churchill Harriman é apontada, desde a segunda metade do século XX, como uma das mais célebres cortesãs de seu tempo. Depois de se separar do "filho dissoluto" de Winston Churchill, Randolph, bêbado, jogador e endividado, Pamela colecionou uma estupenda lista de casamentos efêmeros e amantes notórios.[1] Com a vida franqueada para a mídia, saiu mais rica e famosa de cada um desses relacionamentos. De modo curioso, porém, as biografias da consagrada cortesã não

---

[1] Alguns dos nomes famosos da lista: conde Charles Greville, Frank Sinatra, John Whitney (embaixador americano), William Paley (rede CBS), príncipe Ali Khan, Élie de Rothschild, Maurice Druon (ministro da França), Stavros Niarchos, Ed Murrow e príncipe Rainier III.

estão recheadas de sensualidade e lances de alcova. Há menos luxúria nas páginas que exemplos das habilidades de Pamela como super-relações-públicas. Ela própria gostava de se definir como uma "garota de bastidores", espécie de gerente de homens, dedicada a aprimorar a vida dos marmanjos que encantou. Num caso exemplar, a jornalista e escritora Sally Bedell Smith mostrou como Pamela transformou a imagem pública e ajudou a aumentar a fortuna de Gianni Agnelli, o dono da Fiat. Ele era um industrial milionário, descendente da aristocracia piemontesa, discreto no jet set. Depois dos cinco anos de namoro com Pamela, virou celebridade mundial, poderoso chefão da moda masculina (só não conseguiu popularizar o uso do relógio por cima do punho da camisa, como gostava) e consagrou a imagem do magnata italiano pelo mundo.

Ambiciosa, Pamela Harriman apreciava o poder e sabia como ostentá-lo. Aos 39 anos, casou-se com um magnata produtor da Broadway e, depois de se naturalizar americana, se tornou ativista do Partido Democrata. Influente na elite americana, inventou um novo sistema de arrecadação de fundos eleitorais e acabou conhecida como "criadora de reis" dos democratas. Em 1993, ajudou na ascensão de Bill Clinton (que não namorou), sendo premiada por ele com a embaixada da França. Estava na piscina do Hotel Ritz, em Paris, quatro anos depois, quando sofreu o derrame cerebral que a levou à morte.

Como cortesãs, Madame Pompadour, La Belle Otero e Pamela Harriman viveram do dinheiro e da fama dos amantes. Os romances de Aimée de Heeren foram de natureza diversa. Ela jamais necessitou do brilho ou dos recursos dos namorados que escolheu e, extremamente bela e sedutora, jamais lhe faltaram candidatos. Estabeleceu-se no topo da elite graças a seus talentos e ao sobrenome do marido — e, até a morte dele, seguiu casada, compartilhando fortuna e endereços. A controversa hipocrisia social dos ricos com esses arranjos semissecretos destinados a não dividir patrimônios vem de tradição bem mais antiga que os acordos domésticos entre Aimée e Rodman. Ela tinha plena consciência do sustentáculo de sua notável condição de vida. Certa vez, disse a um amigo: "Eu rezo muito pelo querido Rody. Rezo também pelo pai dele, e pelo avô, lá da Filadélfia. Afinal foram eles que proporcionaram tudo isso".

O embaixador Marcos Azambuja, que conviveu com Aimée em Paris e Nova York, sustenta que ela era da estirpe de outras quatro damas "promotoras do Brasil" na aristocracia internacional: Isabel de Orleans e Bragança, Dulce Liberal Martínez de Hoz, Adalgisa Nery e Elisinha Moreira Salles.[2] Eram muito diferentes entre si, unidas apenas pela relevância conquistada na alta sociedade. Pelo viés da diplomacia, Azambuja admira especialmente o posto quase institucional dessas cinco mulheres como "imagem do país no *grand monde*", numa época em que as brasileiras — bem menos cotadas que as argentinas e venezuelanas — eram raridade nos salões de festa mais ilustres. "Elas ajudaram a criar a ilusão do que o Brasil poderia ser."

O termo "socialites", segundo ele, é mais preciso que "celebridades" para definir o papel que exerceram. Gozavam de "centralidade" e de "poder convocatório" em seus círculos sociais. Sabiam quem era quem, estavam atentas às novidades e eram mestres em influenciar pessoas, docemente. Nenhuma delas "se desnacionalizou", o que o embaixador considera incomum e sinal de elevada autoestima, em ambientes de "gente fluida e desenraizada". Sem desprezar as origens, exaltavam o Brasil e, sem demandas pessoais, trabalharam por interesses nacionais quando solicitadas. "Penso nestas mulheres como armas secretas, aliadas confiáveis, boas conselheiras."

---

2 Todas elas, exceto Elisinha, foram retratadas por Candido Portinari.

Abaixo da frivolidade ostensiva, o *high society* é, por longa herança, um palco do poder, onde se misturam negócios e política e as relações pessoais podem se tornar, mais que amizades, consórcios. As mulheres do quinteto de Azambuja praticavam esse jogo diplomático-político-corporativo com distinção e visível prazer. Todas admiravam as pompas imperiais, mas não estavam interessadas apenas em brilho de celebridade.

Entre elas, a condessa de Paris, Isabel de Orleans e Bragança, era a mais próxima de Aimée e, desde os tempos do Bal-Cirque, patrocinaram juntas recepções cintilantes. Neta da princesa Isabel, nascida no Château D'Eu (a sede da Fundação Dom Pedro II), era casada com um primo e teve onze filhos. Morou no Brasil durante a Segunda Guerra e falava português com sotaque lusitano. Quando a convidava para almoços, Aimée sabia que a condessa estava chegando assim que ouvia os "huhu-huhu" que ela cantarolava como uma saudação, enquanto subia a escadaria do apartamento.

A exemplo de Aimée, foi também depois do primeiro casamento que a lindíssima Dulce Liberal despontou como socialite internacional. Descendia de fidalgos da corte imperial brasileira e, ainda muito nova, ficou viúva. Em 1927, numa viagem à França, conheceu o segundo marido, o magnata Eduardo Martínez de Hoz, de uma das famílias mais ricas e tradicionais da Argentina. Ele criava cavalos premiados e circulava entre a alta nobreza europeia nos hipódromos e nos salões. Dulce virou sua "fada da sorte" e se afirmou como uma das animadoras da elite parisiense, apesar da animosidade da duquesa de Windsor, Wallis Simpson, com quem era brigada (por motivos desconhecidos).

Nos anos vividos no Rio de Janeiro, é provável que Aimée tenha conhecido Adalgisa Nery, musa dos modernistas, renomada como poeta e romancista, mas não conviveram. Ela é o nome mais controvertido da lista de Azambuja, pois sua influência não chegou aos círculos da elite europeia e teve curta duração. Viúva do pintor Ismael Nery, casou-se, em 1940, com o diretor do Departamento de Imprensa e Propaganda de Getúlio Vargas, Lourival Fontes. No mesmo ano Aimée foi morar em Paris, e Adalgisa logo se mudou para a América do Norte, acompanhando o marido, a serviço do Itamaraty, em Montreal, Nova York e, depois, na Cidade do México, onde ele assumiu a embaixada brasileira. Admirada por intelectuais americanos e mexicanos, foi amiga de Frida Kahlo e serviu de modelo para pinturas de Diego Rivera e José Orozco.

Elisinha, a mais nova das cinco, era de 1929, mesmo ano de nascimento de Grace Kelly e Jacqueline Kennedy. Antes de conhecê-la, Aimée já tinha Walther Moreira Salles como um grande amigo. Toda vez que vinha ao Brasil, dispunha, 24 horas por dia, de carro e motorista cedidos por ele. Em 1960, a revista *Time*, quase duas décadas depois de premiar Aimée, elegeu Elisinha entre as dez mais elegantes do ano. Alta e magra, avessa a afetações, ela prestigiava costureiros como Givenchy e o clássico Mainbocher. Encarnava um tipo diferente de socialite, tanto em estilo quanto em funcionalidade. Foi a companheira ideal do marido, como banqueiro de conexões internacionais ou como embaixador em Washington. Saía-se melhor que ele nos salões. Sempre bem informada, conversava com desembaraço e naturalidade sobre negócios, economia ou política. Teve evidência na corte dos Kennedy e costumava reunir intelectuais americanos para ouvirem música popular brasileira na embaixada.

Listas de brasileiras influentes no estrangeiro durante o século XX podem incluir outras figuras célebres, dependendo das preferências e dos conhecimentos do autor da seleção. Destacam-se nomes como Perla Lucena Mattison, Mimi de Ouro Preto (Mimi d'Arcangues, depois do casamento com um conde francês), Sílvia Amélia de Waldner ou Vivi Nabuco, amiga que a própria Aimée cultuava. Mas não há dúvidas de que, na liga da elite global, o quinteto de Azambuja esteve um posto acima de nomes famosos mais populares no Brasil, como Teresa Sousa Campos, Loli Souza Dantas, Lourdes Catão, Carmen Mayrink Veiga, Christina Mendes Caldeira e outras afortunadas personagens das colunas sociais.

Aimée passou sessenta anos de sua existência naquele olimpo da riqueza, superando, em tempo e intensidade, até mesmo as outras damas do quinteto. Não tinha pretensões de conquistar nada nem chegar a lugar nenhum. Nesse sentido, sua única ambição era continuar onde estava e preservar o próprio modo de vida. Foi a mais festeira de todas elas e ganhou reputação como anfitriã, a principal qualidade destacada no necrológio do *New York Times*. Seu rol de amizades no circuito chique das grandes capitais era incomparável, e seu "poder convocatório" sobre ele, infalível, como constataram diversas delegações diplomáticas brasileiras. A proximidade de Aimée com o Itamaraty se revelou imune à passagem dos governos. Iniciou-se na época de incertezas do pós-guerra, foi chancelada com o posto de consulesa honorária e fortalecida em relações fraternais cultivadas com embaixadores como Caio de Melo Franco, Hugo Gouthier, Sérgio Correia da Costa, Antônio Correia do Lago e Walther Moreira Salles.

O embaixador Marcos Azambuja lembra que Aimée gostava de estar bem informada, mas não demonstrava muita paciência com detalhes, ia direto ao ponto. Para dispor dos poderes e das boas relações da amiga, bastava um telefonema: "Escolhi você para anfitriã!". Organizar jantares era uma de suas diversões prediletas. Em mesas para vinte pessoas, cuidava de intercalar os convidados conforme o idioma de preferência. Ela falava bem francês, inglês e espanhol, e era capaz de manter conversas interessantes em italiano e alemão. "Tinha o dom de praticar duas línguas diferentes ao mesmo tempo: falava em inglês com quem estava sentado à sua direita e em francês com o da esquerda".

Azambuja a conheceu já como uma senhora madura, "de ossos bonitos, sempre mais confiáveis que carnes, propensas a desabar com os anos". Para descrevê-la, destaca os olhos verdes, os traços levemente indígenas, num rosto de zigomas salientes, a silhueta perfeita e o ar icônico de autoridade. "Aimée era o tipo arquetipal brasileiro."

21

Elisinha Moreira Salles foi a única das damas do quinteto de Azambuja que estava entre os 540 convidados[1] de um baile que entrou para a história como símbolo do crepúsculo da Era de Ouro. O Black and White Dance,[2] promovido pelo escritor Truman Capote no Grand Ballroom do hotel Plaza de Nova York, é considerado o derradeiro suspiro de uma elite social que já começava a fechar as portas para olhares indiscretos. A festa, numa gélida e chuvosa noite de novembro de 1966, até hoje vem sendo destrinchada, mitificada e, sempre sem sucesso, imitada.

---

[1] Além dela, o único outro brasileiro convidado foi Nelson Seabra.
[2] O Black and White foi uma homenagem à dona do *Washington Post*, Katharine Graham, mas celebrava, na verdade, o recente sucesso de Capote com o lançamento do livro *A sangue frio*. O convite para a festa trazia um código de vestimenta impresso: homens de smoking preto com máscara preta, mulheres de longo preto ou branco e máscaras brancas. Os famosos se exibiam embuçados para a multidão de repórteres tomando frio e chuva na entrada do Plaza e só retiravam as máscaras depois do baile, na hora do jantar. Capote recomendou que as mulheres usassem apenas diamantes naquela noite, mas foi claramente desrespeitado por um colar de esmeraldas com uma pedra de sessenta quilates no pescoço de uma beldade. Os convidados beberam 450 garrafas de Tattinger, uma por cabeça coroada. O jantar ofereceu picadinho de frango ao xerez (um clássico do Plaza), ou espaguete à bolonhesa (sem vinho tinto para acompanhar). Ninguém foi mais fotografado naquela noite que Frank Sinatra e Mia Farrow.

A lista dos convidados para o Black and White foi a principal fofoca chique de Nova York por meses — sinal de que já se viviam outros tempos. Nela estavam todas as socialites, os ricaços, políticos e artistas que Capote julgava interessantes, além de alguns amigos de infância do interior e de seu porteiro preferido no hotel. O escritor alimentou intrigas com os nomes dos desafetos que excluiu, transformando-os em inimigos para o resto da vida. Muitos desses cancelados inventaram viagens ao exterior para não pagarem o mico — e Capote, maldoso, vazou a lista original para o *New York Times*. Com isso, também se soube que Jacqueline Kennedy, Audrey Hepburn e a duquesa de Windsor haviam esnobado sua festa.

Depois do Black and White, houve poucas tentativas de recuperar o valor simbólico das celebrações sociais históricas. Uma delas incorporou a agourenta linhagem dos últimos bailes dos Bourbon e dos Románov. Em 1971, o xá Mohammad Reza Pahlavi, megalômano autodenominado "rei dos reis", celebrou o 2500º aniversário do império persa com cinco dias de diversões para a realeza mundial ao custo de 22 milhões de dólares (hoje 170 milhões de dólares). O vídeo oficial da celebração era narrado por Orson Welles, que, ainda em dificuldades financeiras, também dirigiu as filmagens com uma equipe recrutada em Hollywood. O xá batizou a folia de "a maior festa de todos os tempos". O aiatolá Ruhollah Khomeini, líder religioso exilado do país, tachou-a de "festival do demônio". Oito anos depois, o Irã era uma república islâmica e Reza Pahlavi teve de fugir para o Egito, junto com a mulher Farah Diba.

Houve também os dois bailes famosos promovidos pelo barão Guy de Rothschild e sua jovem esposa, Marie-Hélène van Zuylen de Nyevelt, os reis sociais de Paris na época. Em 1971, o Baile Proust retomou uma tradição de homenagens ao escritor: Grace de Mônaco, Elizabeth Taylor, Audrey Hepburn, Marisa Berenson e demais convidadas desfilaram pelos salões do castelo de Ferrières vestidas como personagens de *Em busca do tempo perdido*. No ano seguinte, os Rothschild deram o Baile Surrealista, já num clima um pouco diferente. A festa consagrou-se pelas imensas máscaras cravejadas de joias usadas na ocasião e pelos arranjos estapafúrdios que os convivas equilibravam sobre a cabeça (fonte de inspiração assumida para os vídeos pop de Lady Gaga). A foto mais famosa do baile é a de Marie-Hélène com o rosto coberto por uma cabeçorra dourada de cervo galhado, que chorava lágrimas de diamantes.

Mesmo com a escassez de bons bailes,[3] porém, a velha corte ainda era a corte e parecia imune às inversões juvenis de Londres ou aos julgamentos performáticos de Truman Capote e sua lista de cancelados. As novidades que abalavam o mundo quase não se notavam naqueles distintos ambientes — e, aos poucos, eles também foram se tornando menos visíveis aos olhos do público. O apartamento parisiense e a *townhouse* nova-iorquina de Aimée se preservaram por muito tempo como alegres e elegantes pontos de encontros. Maria Ignez Barbosa recorda de um jantar em Nova York: "[...] as porcelanas azuis e brancas, os talheres com cabos de porcelana, também azuis e brancos, e o estampado azul dos estofados e das cortinas na biblioteca de lambri. Aimée, entre flores, candelabros cheios de velas, mulheres de longo e muitas joias, homens de gravata preta, era uma aula de savoir-faire".

Para a alta sociedade brasileira, conhecer os números de telefone de Aimée (4551-8898, em Paris; e 289-0621, em Nova

---

[3] Em 1980, quando as festas grandiosas já eram raridade na Europa, o geralmente discreto Nelson Seabra comemorou o aniversário de sessenta anos em Paris com o Baile Vermelho. Estiveram presentes Mick Jagger, Jerry Hall, Andy Warhol, Cristina Onassis, Paloma Picasso, Roman Polanski, o príncipe Rainier e Grace Kelly.

York) era sinal de enorme prestígio. Sua vida social foi um desfile de personagens coadjuvantes com fama muito maior que a dela. Conviveu com figuras que brilharam e deixaram marcas importantes em diferentes áreas e atividades — mas foi ela quem passou seus dias cercada e admirada por esse tipo de gente, sem oferecer qualquer relevância além das habilidades sociais.

Entre fevereiro e março de 1971, um dos célebres veteranos do Bal-Cirque ainda conseguia encontrar três damas do quinteto de Azambuja numa mesma viagem. O fotógrafo britânico Cecil Beaton, aos 67 anos, já com três estatuetas de Oscar na bagagem,[4] tinha deixado sua vila no condado de Wiltshire para um período de viagens pelas Américas, em busca de trabalho extra que lhe rendesse algum dinheiro. Em Nova York, logo no início da viagem, foi contratado por Diana Vreeland, a temida editora de moda da *Vogue* americana, para fotografar a matriarca da família Kennedy, Rose, com 81 anos de idade, que estava em Palm Beach e, pela primeira vez, posaria para a revista. Beaton decidiu que, depois do trabalho na Flórida com Rose, seguiria para o Brasil e a Argentina, a convite de velhos amigos.

Em Palm Beach, foi hospedado por Aimée, que conhecera no lendário Bal-Cirque, fazia mais de trinta anos. A villa Louwana,

---

4 Beaton (1904-1980) recebeu os prêmios pelo figurino de duas comédias musicais que contavam a história de jovens treinadas para parecerem aristocratas: em 1958, por *Gigi*, de Vincente Minnelli; e, em 1964, por *My Fair Lady*, de George Cukor. Também ganhou o Oscar de direção de arte, pelo filme de Cukor. Fotógrafo oficial da família real britânica, foi a primeira personalidade viva a expor na National Portrait Gallery, em 1968. Além de ser reconhecido como um dos maiores fotógrafos de moda do século XX, trabalhou como correspondente de guerra, figurinista e cenógrafo. Brilhou em todas essas áreas, mas, acima de tudo, segundo o escritor Truman Capote, queria ser "um cavalheiro inglês". Ganhou o título de Sir em 1972, um ano depois da viagem ao Brasil.

construída em 1919 pelos Wanamaker-Munn, ocupava um terreno de quase 5 mil metros quadrados, próximo ao Country Club, com sessenta metros de frente, na Ocean Boulevard, 1095. Mas Beaton não estava no melhor de seus humores. Havia passado batido pelos alertas de furacão no aeroporto de Nova York e, surpreso, entrara em pânico com os solavancos do voo. Chegara a uma cidade encharcada e tumultuada.

"Nunca me senti mais velho ou com menos saúde que quando encontrei Aimée de Heeren", escreveu em seu diário.[5] "Ela é boa, calorosa, linda [...] e fala sem parar." Pedia-lhe conselhos sobre os jardins, a decoração da casa ou a simples disposição de porcelanas e porta-retratos. Quase não teve tempo para descansar, reclamou. À noite, Aimée surpreendeu-o com um jantar repleto de gente conhecida. "A presença de todos os sobrenomes tradicionais de Palm Beach me fez perceber [...] o quanto ela é um ímã para atrair pessoas como eu." Considerava-a uma "anfitriã completa", que não dava chance a qualquer possibilidade de deslize. "É um tornado, falando em português para ajudar serviçais sem talento, mas bastante dispostos", anotou.

No dia seguinte, quando acordou, Beaton já tinha um motorista enviado por Rose Kennedy o esperando em frente à Louwana. Enquanto ainda se vestia e ajeitava o equipamento fotográfico, ela própria telefonou, perguntando se deveria usar cílios postiços na sessão de fotos. "Eu disse para não botar nada."

Na mansão dos Kennedy — outro terreno com quase sessenta metros de frente para a praia —, Beaton foi recebido por Rose usando os cílios não recomendados e revelando disposição de diretora de cena. De imediato, ela apresentou dezenas de vestidos com os quais dizia jamais, "infelizmente", ter sido

---

[5] *The Unexpurgated Beaton*, publicado em 2003.

fotografada. "Está louca por publicidade e ansiosa para aparecer na *Vogue*. É uma velha durona, que trata a secretária com severidade." A sessão durou duas horas e meia. "Afinal, nos demos bem e conseguimos tocar o trabalho juntos. Ao se despedir, ela me agradeceu pelas sugestões. [...] Fizemos todos os tipos de fotos."

Com seus ternos cor-de-rosa e os chapéus fedora de praxe, Beaton embarcou de Miami para o Brasil às duas e meia da madrugada num voo que "gingou por Panamá, Peru etc.". Disse que parecia ser a única pessoa a bordo preocupada com tempestades. Descreveu os demais passageiros como um bando de jovens barulhentos. Durante a viagem, leu *Love Story*, o recém-lançado romance de Erich Segal.

No Brasil, Beaton recebeu mimos de Walther e Elisinha Moreira Salles, que o haviam convidado para conhecer o Carnaval carioca. Uma secretária do ex-embaixador Moreira Salles o aguardava no aeroporto para evitar os aborrecimentos alfandegários, e uma empregada doméstica de Elisinha foi enviada ao Copacabana Palace para ajudá-lo a desfazer as malas. Acima de tudo, teria à disposição o entusiasmo do arquiteto e decorador Júlio Senna,[6] escalado como cicerone do convidado para os 25 dias da estadia brasileira.

Elisinha apresentou Beaton à elite carioca, mas ele não se deixou seduzir por parte dela. "Me invadiram de bondades, mas achei tedioso." Implicou particularmente com Carmen

---

[6] Júlio Senna era um decorador de interiores bem cotado, de agitada vida social. Com estilo intensamente brasileiro, mesclava móveis coloniais com estofados, cortinas e tapetes estampados de samambaias, abacaxis e bananas coloridas. Entre vários projetos, decorou o palácio de verão de Campos de Jordão (SP); o Palácio Iguaçu (PR); as casas do príncipe dom João de Orleans e Bragança (Rio de Janeiro e Cabo Frio); da família Guinle (Rio de Janeiro); de Marjorie e Jorge Prado (São Paulo e Guarujá); a Hípica na lagoa e o Gavea Golf Club; e a fazenda das Palmas de Mercedes e Leonel Miranda, em Vassouras.

Mayrink Veiga (anotada no diário como "Marguerite Veigas"). "Com aqueles grandes olhos pintados de preto e branco, parecia saída da selva — só faltava a argola no nariz." Esnobou um convite dela para jantar alegando falta de agenda. Elisinha emprestou-lhe um avião particular para que viajasse por dois dias a Ouro Preto e Congonhas.

Júlio Senna havia prometido indicar Beaton para alguns trabalhos no Brasil, mas os projetos nunca se confirmaram. Em compensação, foi em parceria com o decorador que Beaton frequentou festas animadas e andou pelas praias admirando as "massas de corpos negros". No sábado de Carnaval, 20 de fevereiro, preferiu conhecer uma zona de meretrício a assistir ao desfile das escolas de samba. Três anos antes, o Mangue, entre a praça Onze e a praia do Caju, havia sido escondido por tapumes para não ser visto pela rainha Elizabeth II, em visita à cidade. As primeiras casas de bordéis vinham sendo desapropriadas, mas o movimento ainda era forte por ali. Beaton testemunhou um quebra-pau entre as prostitutas e um sujeito que tentava fugir sem pagar. "O homem foi jogado no meio de uma multidão que não tinha simpatia por ele", observou, britanicamente, no diário. Mas não fez fotos do incidente: "Em vez de fotografar, corri dali gritando como uma galinha [...] e assisti a luta à distância". Depois de surrar bastante, as mulheres largaram nu na sarjeta o caloteiro pelo qual não tinham simpatia.

O ponto seguinte da viagem foi Buenos Aires, onde esteve com amigos que não via desde os tempos em que a expressão "rico como um argentino" era comum na França. Naquela época, achava Dulce Liberal Martínez de Hoz — a terceira integrante do quinteto que reencontrou na viagem — a mulher mais elegante de Paris. Também considerava Dulce a mais linda dama que já fotografara, apesar de não gostar do resultado dos retratos.

"Fiquei desapontado ao vê-la. Embora tivesse surpreendentes 71 anos e parecesse ter cinquenta, [...] seus cabelos grisalhos estavam penteados demais e suas roupas pareciam muito trabalhadas em alfaiataria. [...] Tudo era excessivo." Dulce tinha a infelicidade de refletir a imagem da Argentina, "um pastiche vitoriano", país decadente na fortuna e estático nos modos como uma velha estância. Passado o choque inicial, admitiu que ainda estava diante de uma das grandes belezas de seu tempo, "cuja atração, encanto e alegria natural não haviam diminuído".

Beaton concluiu que a vida na Argentina, apesar de tudo, era mais agradável que no Brasil. "Não há pobres nem negros e a comida é excelente, principalmente a carne." Mas escreveu que nunca mais queria voltar ao continente, entre outras razões, pelo "estranho cheiro do suor"[7] que alguns sul-americanos, ricos ou pobres, exalam. No último dia no hotel de Buenos Aires, descobriu que haviam furtado de seu quarto duas máquinas fotográficas (incluindo a Rolleiflex de estimação) e um envelope com cruzeiros, trocados no banco de Walther Moreira Salles.

O ocaso das divas dos anos dourados se daria num mundo muito diferente, que exigia mais recato e moderação da alta sociedade. As últimas três décadas do século XX foram tempos de revoluções, guerras nas franjas dos impérios coloniais decadentes, ondas terroristas de esquerda e de direita, fanatismo religioso armado, disseminação de sequestros de magnatas e insegurança nos grandes centros urbanos — ambiente hostil às exibições de uma elite diletante, selecionada por pedigree.

---

[7] "É diferente de tudo que já conheci. Júlio [Senna] tem. É um cheiro que lembra couro, pungente, picante. Uma ou duas vezes também senti que Stella e Miguel Angelo [Carcano, ex-embaixador argentino na França e Reino Unido] também exalavam esse cheiro."

Outros polos de riqueza foram surgindo, e Dubai e Abu Dhabi começaram a disputar ricaços com Paris e Veneza. Pouco antes do fim do século, se alguém como Chatô quisesse inventar um baile esplendoroso para promover o algodão brasileiro, escolheria para a festa um grande hotel de Xangai, em vez do palácio de Corbeville. (A China é o maior comprador do algodão nacional e as lavouras do Seridó, que produziam a aclamada fibra longa em 1952, foram dizimadas pela praga de um besouro chamado bicudo.)

Os últimos anos do século XX acabaram por diluir as fronteiras entre os puros-sangues da alta sociedade e as novas celebridades, que prosperaram a ponto de poderem cobrar para aparecer nas festas. Consta que o duque de Windsor também adotava a prática, mas, hoje em dia, as provas da presença precisam estar devidamente publicadas no Instagram. Os valores do dinheiro fresco e a espetacularização da vida, enfim, distinguiram ainda mais os prazeres privados para a aristocracia. No século seguinte, surgiu até uma *quiet luxury* a discreta sofisticação de desembolsar 625 dólares por um boné de baseball[8] usado por magnatas de série de TV.

---

8 O boné, de estilo básico, sucesso de 2022, leva caxemira no tecido. Produzido pela grife italiana Loro Piana, era usado por um dos personagens da série *Succession*.

22

Cristina achava as socialites desprezíveis, e o modo de vida de Aimée, ridículo. Nas raras vezes que se referiu à mãe publicamente, contava que ela provinha de "um pequeno lugar da América Latina", nascida numa época em que "arrumar marido rico era profissão". Aimée e Vera, dizia, haviam sido treinadas desde meninas nas artes da sedução. Ressaltava que, "embora já tivessem sido casadas", se mudaram para Nova York à caça de bons partidos. "E, como eram muito lindas, triunfaram!" De positivo, concedia apenas que Aimée, mesmo "tontinha e infantil", não podia ser considerada totalmente superficial porque aprendera alguma coisa com os "intelectuais que a rodeavam". Cristina expressou todas essas opiniões em entrevistas concedidas depois da morte da mãe.

Em 1975, aos 32 anos, quando deu uma guinada na vida, é provável que sentisse coisas parecidas. Como é comum acontecer com filhos de socialites, não tinha ideia do que a mãe fazia longe de casa e tampouco estava interessada em saber. Apegada ao pai e praticamente rompida com Aimée, só a encontrava nas datas festivas. Mas também não se sentia feliz com a própria vida. Entendia que sua juventude fora "inútil" e tinha a sensação de estar apenas "perdendo tempo". Considerava-se "insegura, indecisa e pouco motivada" — com o que a mãe concordava. Havia viajado muito em busca de contato com a natureza, conhecido a África e ainda pensava em morar no interior da Espanha, sem um plano bem definido.

Foi quando recebeu sua parte da herança da avó Fernanda Wanamaker, e não teve a menor dúvida do que fazer com o dinheiro: comprou uma fazenda na Andaluzia, como sonhara nos tempos de estudante em Madri. A propriedade, com vista para os picos da serra Nevada, fica a quarenta quilômetros de Granada, na localidade de Íllora, então uma área isolada, onde, desde os tempos da dominação moura, se vivia da agricultura e da pecuária. Não havia sequer energia elétrica ou cabos telefônicos na fazenda. A região da serra Nevada ainda não havia se tornado destino turístico na Espanha, como hoje em dia, não existia o Parque Nacional delimitado nem os resorts chiques com estações de esqui nos picos de neves eternas. Difícil imaginar um lugar menos amigável para Aimée de Heeren.

Três anos depois da compra, recém-casada com John Christopher Noble, um jovem arqueólogo que conhecera na Rodésia (atual Zimbábue), Cristina decidiu mudar radicalmente de vida e morar na quinta desolada nos contrafortes da serra. "Ainda bem que casei com um faz-tudo", relembrou. Compraram um fogão a lenha e, juntos, trataram de colocar isolamento no telhado, instalar equipamentos para água quente e reformar a casa. Também começaram a trabalhar na recuperação dos campos de oliveira da propriedade, especialmente os da variedade *lucio*, a mais típica dos azeites de Granada. A tauromaquia tinha perdido um pouco do encanto para Cristina. "Quando a arte se torna mais importante que a crueldade, ainda podemos aceitar a tradição", dizia. Mas não era o que andava vendo nos últimos anos, marcados por "touradas medíocres" que faziam os animais sofrer demasiado. Resolveu criar cavalos.

Tanto Aimée quanto Rodman não suportavam o genro. Oito anos mais novo que Cristina, John Noble, filho de ingleses, nascido na Rodésia, era um homem introspectivo. Não fazia questão de ser benquisto e jamais apresentou alguém de sua família aos sogros. Aimée repetia com ele o mesmo que havia sofrido com a sogra, suspeitando de que não passasse de um interesseiro na fortuna da família.

Em 1980, nasceu Victoria, que cresceria no ambiente idílico da fazenda, em contato com a natureza, livre das futilidades e dos aborrecimentos das grandes cidades, como queria a mãe. Aimée revelava com a neta as mesmas dificuldades que tinha com Cristina, parecendo sempre contrariada e ressentida por expectativas frustradas. Visitou Granada de má vontade, não poupava críticas sobre a educação de Victoria e fazia comentários ácidos sobre a forma física da menina comilona.

Muitos brasileiros que conviveram com Aimée — e guardam boas histórias para contar sobre ela — jamais souberam que tinha uma filha, muito menos uma neta. Em 1982, quando Cristina, para agradar ao pai, aceitou se casar com John Noble numa igreja católica em Palm Beach, Aimée organizou a cerimônia a contragosto. Nenhum parente do noivo compareceu ao casamento.

Nos últimos anos, Rodman estava muito doente, tratava de um câncer em Paris e, cansado das seguidas internações, havia transformado uma suíte do Hotel Le Meurice em quarto hospitalar. Ele entrou de cadeiras de rodas na igreja, acompanhando Cristina, que usava um vestido que fora de sua avó Fernanda Wanamaker. Morreu um ano depois num hospital de La Jolla e foi cremado em Palm Beach.

Parentes e amigos brasileiros de Aimée que conviveram com Rodman o descrevem como um homem educado, reservado e que parecia não apreciar muito as visitas dos compatriotas da esposa, uma gente expansiva, um tanto barulhenta e dada a intimidades. Em Palm Beach, onde ela recebia por temporadas às vezes longas, Rodman pouco circulava entre os hóspedes. Assim como Aimée, ele se envolvia em romances mais ou menos secretos, e uma de suas namoradas chegou a ser conhecida pelos visitantes brasileiros. O casal tinha serviçais exclusivos e ocupava alas domésticas distintas. Suas rotinas eram desconectadas: ele, esportista, acordava cedo; ela dormia tarde e jamais levantava antes do meio-dia.

Aimée dispunha de duas secretárias-executivas, uma em Nova York, a cubana Dania, outra em Paris, Marie-France, para dividir a administração das quatro residências. Suas finanças ficavam aos cuidados de George Baker III, também financista de Rodman. Baker pertencia à quarta geração da família que fundou o First National Bank of New York, precursor do Citibank. Frequentava Louwana e era apaixonado pelo *Barco branco* de Sorolla, exibido numa moldura dourada na sala principal. Declarou-se "candidato prioritário" à compra da pintura, certa vez que a dona cogitou negociá-la. Cristina, apaixonada pelo pintor, ameaçou cortar relações com a mãe se ela se desfizesse do quadro. Em vez do Sorolla, um ano depois Aimée acabou vendendo na Sotheby's um conjunto de peças de jade chinês por 4 milhões de dólares.

23

A última vez que esteve no Brasil foi para o enterro de Vera, em março de 1986. A irmã era avessa a médicos e remédios, e tratara um melanoma agressivo nas costas com homeopatia, chás e compressas, apesar das dores sofridas e da insistência dos familiares para que procurasse um cancerologista. Quando, enfim, cedeu às pressões e buscou um hospital, não havia mais nada a fazer. A morte de Vera, a melhor amiga que teve na vida, rompeu o principal laço que a unia à terra natal.[1] Nunca mais Aimée se animou a voltar, e quando os amigos reclamavam da prolongada ausência e a convidavam para uma visita, sorria: "O Brasil é muito longe".

Manteve-se bastante ligada aos sobrinhos William e George. Desde que eram meninos, gostava de recebê-los nas férias e os mimava como uma tia coruja. George, dedicado ao surfe e às artes marciais, era seu protegido. William, admirado pela elegância, ganhou muitos pontos extras ao casar com Luiza Galliez, que caiu nas graças de Aimée. A convivência com Edward, o primogênito de Vera, era mais rara. O vigésimo Lord Dunsany, pintor e designer, dividia seu tempo entre Londres, Roma e Nova York,[2] além de temporadas em que morou no Brasil.

---

[1] O pai, Genésio, morreu em 1963, aos 86 anos. [2] Edward John Carlos Plunkett se tornou legalmente o vigésimo Lord Dunsany com a morte do pai, Randal, em 1999. Formado em Eton, estudou na Slade School of Fine Art de Londres e na École des Beaux-Arts de Paris. Em 1960 se fixou no Rio de Janeiro, trabalhando por dois anos com o pintor Loio-Pérsio. Morou

William administra com o filho, Arthur, a fazenda de cana-de-açúcar Santa Cruz, em Campos dos Goytacazes. Amante das artes, com gosto por pesquisar a história das famílias,[3] foi ele quem guardou o retrato em que o avô Genésio apresentava as filhas no estúdio fotográfico de Castro. Editou por conta própria um belo livro, *An Illustrated Family Tree (1813-2021)*, sobre as origens dos Prettyman. Quando se casou com Luiza, em dezembro de 1980, passou parte da lua de mel em Louwana. Aimée gostou tanto da companhia que decidiu unir-se ao casal no restante da viagem: uma visita a Nassau para encontrar Ivar Bryce. O primeiro marido de Vera, já conhecido de William, era uma celebridade. Ainda inventava e abandonava negócios em sequência, tinha sido produtor de cinema e acabara de lançar sua autobiografia, *You Only Live Once*, relembrando velhas aventuras com Ian Fleming. Morava numa casa de madeira do século XVIII, rosa e branca, a mais antiga de Nassau. Chamada de Balcony House e hoje transformada em museu, era o abrigo noturno dos visitantes, que passavam os dias navegando com Ivar pelo mar das Bahamas. Aimée lamentava, com humor, que William não tivesse herdado o título de nobreza da família britânica: "Mas, de agora em diante, quando

---

também em Roma, onde teve um estúdio no Trastevere, e em Nova York, onde fundou um escritório de design em parceria com a mulher, a arquiteta brasileira Maria Alice Marsillac. Fez exposições de suas pinturas geométricas abstratas no Reino Unido, na Itália e nos Estados Unidos. Em 2000, Edward e Maria Alice foram viver no castelo de Dunsany, onde ele morreu, aos 71 anos. Maria Alice morreu em 2020, vítima de covid.   **3** Numa de suas pesquisas, William descobriu que Ivar Bryce, o primeiro marido de sua mãe, era parente de Rodman de Heeren, o segundo marido de Aimée. Seus pais se casaram com duas irmãs, Mercedes e Virginia, filhas do magnata Manuel Candamo Yriarte, que foi presidente do Peru. A família Candamo era grande proprietária de terras nas montanhas e fez parte da fortuna com a exploração do guano, assim como o pai de Ivar.

voltarem ao Brasil, exijam ser chamados de Sir William e Lady Prettyman, por favor".

A exemplo de Vera, Aimée desconfiava da medicina ocidental dos discípulos de Hipócrates. Era adepta de homeopatia, chás e ervas chinesas, acupuntura, antigas marcas de pomada, remédios caseiros e de uma versão brasileira do óleo ômega-3. Durante um tempo, foi entusiasta também da ayurvédica. Chegou a ser seguidora de uma americana especialista na prática indiana, que a visitava para atendimento tanto em Paris quanto em Nova York. A família ficou preocupada quando Aimée começou a consultá-la até para decidir datas de viagem.

Os parentes também se preocupavam com sua teimosia e resistência aos hospitais. Depois da queda numa escadaria, fugira de amigos que insistiam em levá-la a uma emergência. Foi tratar em casa, com arnica, o joelho inchado e, como não melhorava, decidiu que era necessário um pouco de hidroginástica. Durante semanas, no início da noite, descia as escadas do apartamento mancando, com dores intensas, para ir até a piscina do Hotel Ritz, onde se exercitava. Seguia mentindo a idade para os médicos e ninguém ousava desmenti-la. "Tenho a idade que eles me derem."

A estilista Vicky Tiel, de quem Aimée foi cliente por vinte anos, contou em suas memórias que ela defendia o sexo como uma atividade vital para a saúde das mulheres. Para reforçar o argumento, mostrara a Vicky uma publicação do dr. George Wong, médico famoso que consultava em Palm Beach. "É importante para as mulheres desfrutar da felicidade sexual regularmente, porque isso vai revigorar o fluxo da energia feminina, enriquecer e rejuvenescer a mente e o corpo", dizia o texto.

Era "natureba" antes de a palavra se tornar corriqueira. Acreditava firmemente que os princípios inerentes da natureza explicavam qualquer coisa no mundo. Interessada no grande guru das medicinas alternativas Deepak Chopra, frequentou o centro de cura do médico indiano na Califórnia. Saiu de lá com a determinação de só tomar água morna e com aversão às carnes vermelhas. "Alimentar-se de um boi velho não pode fazer bem para o corpo", pregava. O spa do dr. Chopra também acabou fornecendo material para o folclore familiar sobre seu notório desconhecimento do universo pop — não sabia os nomes das novas estrelas das telas, astros da música ou ídolos dos esportes. Aimée contou ter conhecido na clínica, e combinado encontrar, "uma graça de moça, nem tão simpática, ao que parece metida nesse negócio de cinema". A moça que Aimée não sabia quem era se chamava Demi Moore, seguidora do guru das estrelas,[4] mas nunca marcaram o encontro.

Tinha uma alimentação frugal, sem horários fixos. Se não estava num banquete ou num grande restaurante, preferia verduras, arroz integral, frutas em profusão durante o dia, caldos e o empadão de frango de sua cozinheira. Jamais deixava de tomar chá de gengibre depois das refeições. Considerava a praia, em Biarritz e Palm Beach, um programa diário obrigatório — inclusive para seus hóspedes, mesmo os recalcitrantes. Recomendava que deixar o maior tempo possível a água salgada do mar sobre o corpo proporcionava incríveis benefícios à saúde. Todos os dias fazia um pouco de ginástica e, mesmo acomodada num sofá, aproveitava o tempo para realizar pequenos exercícios para as pernas. Difícil vê-la parada. À noite, depois do jantar, saía para caminhar acompanhada por uma empregada, mas só ia dormir de madrugada.

---

[4] Michael Jackson era o seguidor mais famoso de Deepak Chopra. O médico revelou que o cantor usava o anestésico Propofol, que o matou, para "estabelecer uma ligação com o além".

Quando a inclemência dos anos tratou de escassear as amizades antigas, ela fez novas e incorporou até suas gírias: "Velho é muito cacete, gosto de gente jovem". O adjetivo também passou a ser largamente utilizado para definir pessoas específicas, certo tipo de assunto ou de programação indesejada. Nas últimas décadas de vida, cultivou uma geração de jovens admiradores, muitos deles filhos ou netos de nomes que compartilharam com ela os anos dourados. Era admirada por essa turma como diva de outros tempos, como uma aparição saída das telas de cinema que se materializava na frente deles, acessível, sorridente e em plena forma. Impossível tirar os olhos dela.

"O primeiro impacto era a incrível beleza", lembra o escritor e colecionador[5] Pedro Corrêa do Lago. "Tinha beleza para todas as idades: era bom ter o rosto dela com quinze, trinta ou noventa anos". Neto de Oswaldo Aranha, primo de Maria Ignez Barbosa,[6] ele recorda de um encontro com Aimée em 1990, quando acompanhava uma convidada ao baile de gala da família Yturbe, no castelo D'Anet, nas cercanias de Dreux. "Ela ocupava a mesa central e vi a Europa inteira (ainda se podia falar de uma sociedade internacional coesa naquela época) homenageá-la, *pay respects*, como se fosse uma espécie de rainha sem coroa." Amiga dos pais de Corrêa do Lago, embaixadores em Paris e junto ao Vaticano, Aimée tinha sotaque semelhante ao de suas tias nascidas na fronteira gaúcha. A presença dela, brilhando num salão imperial, lhe remetia a algo dos tempos

---

[5] Corrêa do Lago é dono da maior coleção privada de manuscritos do mundo, formada por ele nos últimos cinquenta anos. Apresentada ao público em 2018 na Biblioteca Morgan, de Nova York, a coleção eclética reúne cartas, documentos e manuscritos de áreas diversas — arte, literatura, história, ciência, música e entretenimento, e foi tema do livro de Corrêa do Lago *True to the Letter*, editado em quatro idiomas.   [6] As duas filhas de Oswaldo Aranha casaram-se com diplomatas formados na turma de 1938. Dedei, a mãe de Pedro, casou-se com Antônio Corrêa do Lago. Zazi, a mãe de Maria Ignez, com Sérgio Corrêa da Costa.

de JK. "Uma visão ingênua que eu ainda conservava, admito: ela parecia aquele Brasil que dava certo, com pessoas e obras sendo admiradas pelo mundo."

Aimée chegava sempre atrasada, para saborear o efeito que causava sua entrada triunfal. Não havia hipótese de fazê-la cumprir horários. Jamais saía de casa antes de as festas começarem, segura de que haveria disputa pelos lugares ao seu lado. Especialista em leveza e extremamente gentil, distribuía elogios em abundância e se preparava para garantir conversas agradáveis. Quando previa encontrar alguém desconhecido, procurava se informar antes, para descobrir assuntos de interesse comum. Cuidava especialmente das perguntas que faria. E se lhe faltassem novidades para manter a animação, recorria ao infalível conhecimento da história das famílias famosas e suas peculiaridades. Em volta de Aimée, todo mundo estava sempre sorrindo.

A capacidade de inventar programas compensava a menor oferta de grandes bailes na praça. Identificava possibilidades notáveis de diversão nas situações mais inesperadas. A embaixatriz Laís Gouthier lembra-se de um telefonema típico de Aimée, recebido em 1990: "O príncipe Thurn und Taxis morreu, vamos ao enterro? Vai estar todo mundo lá!". Convidava Laís com a mesma disposição de quem estava indo a um baile histórico ou um vernissage. Importante para ela era estar onde a elite estava. Além da agenda de almoços, coquetéis e jantares, conseguia enxergar motivos de celebração em acontecimentos como uma visita do astronauta Buzz Aldrin a Paris. "Imagine podermos conversar com um homem que já esteve na Lua!", propôs à decoradora Ana Maria Indio da Costa, que a ajudou a organizar um jantar para dez pessoas com o piloto da *Apollo 11*, dias depois de ele ser premiado pelo jornal *Le Figaro* como um dos cem homens mais importantes do século. Além da filha Cristina e dos sobrinhos William e Luiza Prettyman, Ana

Maria, jovem e já consagrada designer de interiores, foi a parente mais próxima nas últimas décadas. Prima em segundo grau, casada com o arquiteto Luiz Eduardo Indio da Costa, sobrinho de Luís Simões Lopes, era uma de suas companhias prediletas. Quando, já exausta das programações, ia dormir, Luiz Eduardo ficava encarregado de acompanhar Aimée nas conversas que se estendiam madrugada adentro.

O apreço por Ana Maria também a tornava alvo da lendária incapacidade que Aimée tinha de ouvir um não. Chegava a inventar doenças para convencer a prima a viajar do Rio a Paris — e a recebia confessando que, na verdade, precisava muito de sua presença em determinado casamento no interior da França. Conseguia fazer Ana Maria abandonar uma divertida agenda em Nova York para acompanhá-la a um almoço "muito importante" em Nova Jersey. A recepção, afinal, montada num dos onze jardins da mansão de Doris Duke, a madrinha de Cristina, não teve nada de aborrecida. "Estávamos à mesa almoçando quando, de repente, ouvi um som, uma espécie de grunhido, bem atrás de mim", recorda Ana Maria. "Virei e tinha um camelo quase no meu pescoço." Na verdade era uma dupla. O pai de Doris, o magnata James Duke, inventara os cigarros modernos com a marca Camel e, para homenageá-lo, a filha criava dois dromedários soltos no jardim. Os animais dormiam sobre enormes colchões na varanda da mansão.

Mariana, filha dos Indio da Costa, morou no apartamento de Aimée por seis meses quando foi estudar Relações Internacionais na Universidade Americana de Paris, em 1991. Lembra-se dela como uma tia generosa e gentil, embora só a tratasse pelo nome (nem os filhos de Vera a chamavam de "tia"). Mostrava interesse em saber das novidades, se esmerava em atender qualquer tipo de necessidade que ela tivesse e garantia uma diversão inusitada. Mariana fala de encontros na Rue de Varenne que reuniam pessoas de diferentes línguas e idades, de jantares em grandes restaurantes, de uma festa cinematográfica — "daquelas que anunciam os convidados na chegada" — em que vestiu um magnífico Saint Laurent emprestado pela tia. Obteve liberação do palacete de Biarritz para passar um fim de semana com uma turma de amigos. Aimée era "zero careta", segundo Mariana, embora gostasse de repetir a velha ladainha bem conhecida na família: independente da profissão que escolher, a mulher deve casar com um homem rico ou, ao menos, de bom sobrenome.

No dia a dia, a vida era despretensiosa. O embaixador Marcos Azambuja recorda de almoços informais com a amiga, quando se deliciava com o picadinho de filé, acompanhado de arroz, feijão-preto e batatas fritas, preparado e servido por empregadas contratadas no Rio de Janeiro. "Seu ambiente doméstico era tribalmente brasileiro", diz ele. Familiares — em especial Ana Maria — eram encarregados de recrutar para ela cozinheiras e arrumadeiras já testadas nas casas de famílias cariocas proeminentes. Todas as contratadas precisavam passar pelo crivo da comandante suprema da brigada doméstica, Lydia Pereira Ignácio, ex-empregada de Vera no Rio de Janeiro, que foi dama de companhia de Aimée por mais de vinte anos.

Negra, baixinha, severa, sem vaidades e de pouca fala, Lydia defendia seus domínios bravamente e não admitia ameaças à paz de "Madame", como todos os empregados se referiam à patroa. Só falava português, o que explica parte da preferência por funcionários brasileiros ou lusitanos (como o casal de caseiros de Palm Beach e o zelador de Nova York) nas residências da família. Em Paris, Lydia, que tinha duas ajudantes portuguesas, era encarregada das compras domésticas, embora seu francês se resumisse praticamente à frase com que atendia ao telefone quando a dona da casa ainda não havia acordado: "*Madame est reposée*". Pela lealdade absoluta, embirrava com Cristina. Criticava seus longos períodos de ausência e sublinhava os comportamentos da filha que irritavam a mãe. Aimée a chamava de Lidoca, ou de Mammy, num misto de carinho e ironia por seus controles demasiados.

Sempre que se deslocava entre as quatro residências, ou mesmo nas viagens mais longas, Aimée não dispensava a companhia de duas empregadas e 26 malas e guarda-joias Vuitton de diferentes tamanhos. Costumava pedir que Lydia lhe preparasse refeições rápidas nos quartos de hotel, usando o pequeno fogareiro que ela sempre carregava na bagagem. À noite, gostava de comer mingau de aveia e cevada.

24

O dia inteiro, desde criança, Calixto Sánchez ouvia música no bar do pai, no centro do povoado de Mairena del Alcor. Ali sempre havia o *cante jondo*, acompanhado pelo *toque* de guitarras, batidas de pés no chão, palmas polirrítmicas e o som de estalar de dedos, os *pitos*. Muito tímido, porém, o menino só se permitia soltar a bela voz escondido atrás das portas e cortinas do bar. Era da terceira geração de uma dinastia de cantores notáveis, dedicados à mais pura tradição da cultura cigana do sul da Andaluzia.

Antes dos vinte anos, já tinha se tornado profissional e vencia festivais de flamenco pelo país. A consagração nacional aconteceu na Bienal de Sevilha de 1980, quando ganhou o prêmio principal, o "Giraldillo al Cante", ao executar as doze intrincadas variações de trinados e vocalizações exigidas no concurso. A voz límpida e a emoção que Calixto Sánchez imprimia às letras foram recebidas na Espanha como um daqueles ventos cálidos vindos do sul, e ele ganhou lugar entre os grandes. Gravou discos aclamados como clássicos e musicou obras dos poetas Antonio Machado e García Lorca.

Cristina acompanhava de perto o renascimento do flamenco, frequentando os festivais que se espalharam pelo interior do país depois da morte do ditador Franco.[1] Foi num desses eventos, em

[1] Por séculos, o flamenco foi condenado pela Igreja católica e oprimido pela monarquia. Era considerado vulgar, pornográfico e o retrato de uma Espanha atrasada e lamentosa. Uma música para guetos extramuros, como o bairro sevilhano de Triana, habitado por ciganos, judeus e oleiros que tiravam

1990, que conheceu Calixto Sánchez pessoalmente. Ficou sabendo que ele estudava material para um novo álbum, mas enfrentava dificuldades com as gravadoras. Ela não tinha a menor ideia de como se produzia um disco, mas se propôs a patrociná-lo. Havia uma crescente paixão internacional pela música cigana, e Cristina apostava que a dicção precisa e o canto mais contido e melodioso do artista seriam grandes trunfos também para o mercado externo.

Calixto Sánchez a visitou na fazenda de Granada, semanas mais tarde, para mostrar as obras em que trabalhava, acompanhado pelos violonistas Manolo Franco e Pedro Bacán. Tinha selecionado oito canções, de oito estilos diferentes do flamenco.[2] Cristina relembrou o encontro em entrevistas: "Eu não tinha nenhuma produtora, mas fiquei encantada com o que ouvi e, em sete dias, arranjei tudo". Criou um selo próprio, batizou-o de "Pureza" e lançou *Castillo de Luna*, o classudo disco de Calixto, "*produced and directed by* Cristina Heeren" — nome que seria uma marca definitiva no mundo da cultura espanhola.

O segundo investimento de Cristina em arte veio em seguida, com o disco de José de la Tomasa, lançado em 1992.

argila do rio Guadalquivir. Franco, assim como as elites, sempre teve uma relação complicada com a cultura flamenca. Nos anos 1950, porém, interessado em desenvolver a indústria do turismo, adotou a imagem das *gitanas* como sinônimo de identidade espanhola e instrumento de propaganda. Com o braço policial do Estado, por outro lado, Franco exilou artistas dissidentes e censurou músicas e espetáculos do movimento Protesto Flamenco, identificado com o espírito autonomista andaluz e militante pela volta da democracia. Nos últimos anos da ditadura, a alma rebelde e libertária da arte flamenca conseguiu ganhar expressão mundial, principalmente com o diretor de cinema Carlos Saura, o bailarino Antonio Gades e o violonista Paco de Lucía. Depois da morte do ditador, em 1975, a tradição rejuvenesceu com uma grande onda de festivais populares.   2 *Tientos*, *taranta*, *bulerías*, *milonga*, *malagueña*, *fandangos*, *seguiriyas* e o *soleá apolá*, estilo mais lento, preferido pelas dançarinas.

Neste, não havia concessões a ouvidos estrangeiros. De estilo dramático, tonitruante, José de la Tomasa lutava para manter vivas "canções em perigo de extinção". Com ele, a produtora Cristina Heeren montou também o show *El Flamenco es Vida*, que rodou pela Europa e lotou casas de espetáculo.

A união de Cristina com Calixto Sánchez e José de la Tomasa rendeu mais. Eles começaram a discutir a criação de uma escola completa de flamenco — violão, canto e dança. Não havia nada parecido na Espanha e a ideia soava meio estapafúrdia para um gênero, por princípio, anárquico e emocional, onde o cantor é o "dono" da voz, improvisando e interpretando pessoalmente o drama narrado nas letras. Havia professores de guitarra cigana, por exemplo, mas não de *cante*, lamento vindo de fora dos muros das cidades, feito de saberes ancestrais de mouros e ciganos, aprendido em casa ou nas esquinas suspeitas. Cristina defendia que os cursos deveriam ter aulas práticas e teóricas, com estudos sobre a história e as diversidades regionais. A escola também seria um contraponto à música "flamencada", de grupos como o Gipsy Kings, que fazia sucesso internacional, mas era visto como uma simplificação grosseira demais pelos adeptos do flamenco de raiz.

Em 1996, criou a Fundação Cristina Heeren de Arte Flamenca, no bairro sevilhano de Triana, às margens do lendário rio Guadalquivir, referência recorrente nas canções andaluzas. A escola reuniu especialistas para fundamentar o planejamento acadêmico das disciplinas e convocou artistas consagrados como professores.[3] A proposta era oferecer três cursos

---

3 Artistas como Paco Taranto, José Luis Postigo, Manolo Franco, Niño de Pura, Miguel Ángel Cortés e Antonio Molina (El Choro); e bailarinas como Juana Riba (La Tobala), Luisa Palacio, e o bailarino Fernando Jiménez formaram o corpo docente da escola de Cristina. O lendário cantor José Sánchez Bernal, o Naranjito de Triana, foi, até sua morte, em 2002, professor na fundação. Hoje o instituto tem um prêmio de revelação de talentos com seu nome.

anuais (guitarra, baile e canto), com três níveis progressivos de estudos, até a conquista do título de formação. O começo foi tímido, com meia dúzia de alunos inscritos. Mas Cristina insistiu, investiu pesado na instituição sem buscar apoios governamentais e começou ali uma nova vida — a mais coerente que teve, segundo diz.

Feliz em Granada e com seus projetos culturais, se aproximou da mãe. Viajava para visitá-la e a ajudava em questões administrativas, sobretudo depois da morte do pai. Também organizava as festas familiares, quase sempre com a presença dos Prettyman. Mas ainda divergiam muito e se magoavam mutuamente. Comportamentos que passavam despercebidos pelos demais, entre elas viravam símbolos de rancores pesados. Muitas vezes Cristina se referia, por exemplo, à mágoa que guardava pelo estrelismo de Aimée na festa de primeira comunhão de Victoria, quando teria se empenhado ao máximo para atrair todas as atenções, transformando o evento numa celebração para ela mesma. O relacionamento entre as duas parecia ser o único ponto não condizente com a dedicatória que Aimée recebeu de um admirador francês e gostava de declamar: "*Pour Aimée, la bien-aimée, la bien nommée*". Cristina, John Noble e Victoria tinham razões de sobra para discordar.

A velocidade do tempo era outra para a socialite Aimée de Heeren. Havia em sua vida um certo sentido de permanência. No mesmo ano em que Cristina criou sua fundação, ela foi nomeada para o Hall of Fame pela revista *Vanity Fair*, em reconhecimento por sua contribuição à moda. A outra celebridade premiada era Amanda Burden, filha de Babe Paley, que, 55 anos antes, dividira com Aimée a lista das mais bem-vestidas da *Time*. (Na música, em 1996, o lugar no Hall of Fame foi para Tina Turner, que acabara de gravar a trilha de *007 contra GoldenEye*.)

25

Jamais teve um automóvel. Aimée circulava por Nova York e Paris de táxi ou de ônibus. Carregava na bolsa para essas ocasiões um par de sapatos baixos e confortáveis da marca Mephisto, que tinha em diferentes cores. Em Paris, frequentemente também se socorria de uma amiga como motorista: Mademoiselle Jordan, polonesa descendente de nobres decaídos que morava perto da avenida Champs-Élysées e alugava quartos para estudantes. Ela era dona de um velho carro e de um jeito próprio de dirigir — audaz e desatento. Suas caronas, temidas pelos parentes de Aimée, podiam incluir expedições noturnas até algum palacete em festa no entorno da cidade. Poucas vezes Mademoiselle Jordan não se perdia pelas estradinhas do caminho.

Não era afeita a mudanças que alterassem o básico de seu cotidiano. Em 1998, quando Lord Granard vendeu o prédio da Rue de Varenne para o sultão do Brunei, dono da rede hoteleira Dorchester (que já adquirira o Le Meurice e o Plaza Athénée), Aimée hospedou-se no Hotel Lotti até encontrar um apartamento a poucos quarteirões do antigo. Sua agenda de compromissos sociais continuava inesgotável. O *restaurateur* e banqueteiro paulista Charlô Whately a conheceu em Paris, durante a Copa do Mundo, no jantar que promoveu no Carrousel do Louvre, junto com um conceituado buffet francês. Ele se lembra da grata surpresa que teve ao ver seu lugar à mesa reservado ao lado da grande dama brasileira, à qual admirava pela fama. Imaginou que ela tivesse oitenta anos (menos do que teria pela conta generosa do passaporte concedido por JK). Conservava a silhueta esbelta, o ar altivo e encantava com uma conversa inteligente e espirituosa. Meses depois, voltaram a se topar na abertura da exposição do barroco brasileiro no museu do Petit Palais, onde também se realizava um festival gastronômico organizado por Charlô. Aimée estava acompanhada por uma das damas do quinteto do embaixador Azambuja, a condessa de Paris, que fez questão de apresentar como "Sua Alteza Real". Reservou uma mesa para o dia seguinte e voltou com uma turma de dez amigos, com quem comentou e elogiou os quitutes nacionais. Pagou a conta do grupo usando cartão de crédito — "para acumular milhas".

Menor que o primeiro, mas ainda deslumbrante, o novo apartamento foi encontrado no número 43 da Rue de Varenne, a um quarteirão do Palácio Matignon, residência do primeiro-ministro francês. Para chegar a ele era necessário vencer dois lances de escadarias imponentes, o que ela não considerou um empecilho para o aluguel. Ao contrário, decorou o espaço entre os dois andares com estofados e divertia-se em espiar os visitantes que paravam ali para recuperar o fôlego.

No ano seguinte, Charlô comprou um apartamento na mesma rua e se tornaram vizinhos. Sempre que ele chegava do Brasil, trazia de presente goiabadas, cocadas e doces caseiros. "Quando apareci com uma caixa de jabuticabas, que ela não comia havia trinta anos, quase chorou de emoção", conta. Ao voltar de jantares, ele a encontrava nas caminhadas noturnas, acompanhada por Lydia. Uma única vez, viu-a pela vizinhança antes do meio-dia. "Parecia uma figura saída diretamente dos anos 1960, num filme em preto e branco: tinha bobes enormes na cabeça e usava um lenço para envolver o arranjo." Apressada, explicou-lhe que se preparava para um baile em Veneza.

Aimée estava na Espanha visitando a filha, em março de 1999, quando sofreu uma entorse no joelho e precisou passar por cirurgia. Para evitar deslocamentos, os parentes preferiram interná-la num hospital de Madri, montando uma estrutura de apoio para o período de convalescência no apartamento duplex alugado no centro da cidade. O andar superior era reservado a Aimée; o de baixo, aos criados.

Nos últimos tempos, a seleção de empregadas domésticas andava complicada. Lydia, com 65 anos, já não suportava controlar todos os serviços da casa, mas não renunciava a nenhum deles. Várias candidatas a arrumadeiras e cozinheiras haviam sido contratadas no Rio de Janeiro por Ana Maria Indio da Costa, mas nenhuma resistia. A última selecionada pedira as contas antes mesmo do fim do contrato.

A nova aposta para reforçar a brigada doméstica era Maria Aparecida de Oliveira, devidamente prevenida da situação. Ana Maria lhe explicou que iria trabalhar num país diferente, para uma senhora de idade, "uma dama que você nunca viu igual". Mas alertou que o maior desafio era outro: ficar amiga de Lydia. Ela precisaria aceitar sua ajuda, ou nada daria certo. Aparecida teve uma amostra do que a esperava já no primeiro dia, quando se apresentou no apartamento aparelhado para a convalescência de Aimée em Madri. "O que você veio fazer aqui, menina?", perguntou Lydia. A resposta "trabalhar" suscitou uma careta e um olhar de cima a baixo. "Pois não lhe dou nem uma semana para voltar para o Brasil."

Mineira de Campo Belo, negra de pele mais escura que Lydia, divorciada, Aparecida tinha dois filhos. Trabalhara dos catorze aos quarenta anos para a família Gebara, no Rio, até a recente morte da patroa, Lúcia, de quem se considerava amiga. Nos 26 anos de emprego, ajudou como babá a criar com carinho o casal de filhos dos Gebara. Lúcia pagava uma boa escola e cursos de inglês para os dois meninos de Aparecida e também a considerava uma amiga. Pediu a companhia de "Pári", como a chamava, ao lado da cama durante os últimos meses de sua longa agonia.

Quando recebeu o convite de Ana Maria, Aparecida estava tratando da demissão e pensava em aproveitar por uns tempos a boa casa que acabara de construir — com terraço e churrasqueira, do jeito que queria — em São Gonçalo, na região metropolitana do Rio de Janeiro. Também não faltava muito para se aposentar, graças a Lúcia — ela mandou que Aparecida tirasse a carteira de trabalho quando completou dezoito anos. Mas a proposta era tentadora: 1,5 mil dólares por mês, contrato de um ano. Na época, o salário mínimo no Brasil era de 136 reais, e a moeda americana estava cotada a 1,863 real. Iria ganhar, portanto, pouco mais de vinte salários mínimos por mês para cuidar de uma madame — e, de quebra, conhecer o exterior. Os filhos, já com dezoito e doze anos, ficariam aos cuidados da irmã, vizinha dela. Pediu dois dias para pensar e, em dez dias, Ana Maria tratou da papelada e a levou até os domínios de Lydia.

26

O apartamento de Paris, a menor das quatro residências, é o que tinha o quadro de funcionários mais enxuto. Trabalhavam ali a secretária-executiva Marie-France, Lydia, Aparecida, uma cozinheira (posto de altíssima rotatividade), a arrumadeira Marizete (portuguesa que trabalhara com Vera no Brasil) e a irmã dela, Marli (costureira e responsável pela cozinha nas emergências). Com dificuldades para se locomover depois da hospitalização, agora Aimée precisava de um apoio físico que a pequena Lydia já não conseguia dar — e Aparecida era uma mulher forte e disposta. Foi ela quem, vestida de branco, passou a acompanhar a patroa em recepções e sentava-se a seu lado nas mesas dos restaurantes. Algumas vezes, Lydia ia junto.

Aimée se viu obrigada a moderar a agitação por uns tempos, mas manteve o costume de dormir de madrugada e só acordar depois do meio-dia. Aparecida cumpria uma jornada longa, com períodos de folga exíguos e sem férias. Mesmo bem-humorada e conciliadora, tinha de vencer as saudades da família, o clima pesado da casa e, ainda por cima, os ciúmes e as dificuldades criadas por Lydia. Antes de completar dois anos de trabalho, exausta e sentindo-se mal de saúde, desistiu. Pediu demissão e voltou ao Brasil, mas ficou apenas seis meses afastada. Cristina a procurou, propondo que retomasse o emprego com um pagamento extra acertado entre as duas. A família desconfiava que uma acompanhante contratada para passar as noites no apartamento estava entupindo Aimée de soníferos. A droga não a derrubava durante à noite, mas destroçava seus dias e a empregada fora dispensada. Pouco depois, com o pedido de demissão da última cozinheira, houve uma nova organização nos serviços da casa. Lydia foi convencida a assumir a cozinha exclusivamente, deixando as compras (ela se recusava a fazer compras mensais ou semanais e todos os dias ia ao supermercado) com Marie-France e os demais serviços com as outras empregadas.

Nos últimos anos de vida, Aimée andava apoiada numa bengala velha e torta. Nunca se habituou aos modelos chiques que ganhava de presente e logo abandonava. Aparecida desenvolveu uma técnica para embarcá-la rapidamente nos táxis e ela manteve como pôde a programação social — que não foi modesta, apesar das limitações físicas. Em julho de 2005, animada e bem-disposta, viajou a Belgrado para a comemoração suntuosa do sexagésimo aniversário de Alexandre II da Iugoslávia, que havia sido casado com sua amiga brasileira, a princesa Maria da Glória de Orleans de Bragança. Aparecida a acompanhou na visita e passou a entender ali o quanto agora estava num outro mundo. "Saída lá do mato, de estrada de chão, conhecendo aqueles palácios, princesas... Fiquei abobalhada." Lembra que a patroa disse compreender esse sentimento: "Eram outros tempos, mas eu também saí do matão lá do Paraná". Nos sete anos em que acompanhou a patroa, Aparecida conheceu Madri, Sevilha, Granada, Paris, Biarritz, Belgrado, Londres, Roma, Veneza, Viena, Berlim, Frankfurt, Regensburg, Nova York e Palm Beach. Ficou hospedada em palácios e hotéis fantásticos e cita os nomes de algumas das amigas de Madame que viu pessoalmente, como a princesa Maria de Lichtenstein, a princesa Glória von Thurn und Taxis, a condessa D'Arco, a duquesa de Kent é a mítica condessa de Romanones.[1] Nesse tempo, conseguiu reduzir a bagagem básica de Aimée para apenas seis malas grandes.

Um novo amigo frequentava o apartamento da Rue de Varenne nos últimos tempos: Benedict Solms, jovem de ascendência nobre alemã, que se apresenta como príncipe de Solms-Hohensolms-Lich. Ele era o par preferido de Aimée para passeios, festas e jantares. Também servia como substituto de Mademoiselle Jordan para caronas e algumas demandas de última hora. Presenteou Aimée com dois yorkshires, Nininha e Oliver, que ficavam aos cuidados de Marizete. Exceto Aparecida, que compreendia a importância da disponibilidade de Benedict para a patroa, ninguém ali simpatizava muito com ele. Cristina e os parentes o achavam intrometido, servil demais e, possivelmente, interesseiro. Vicky Tiel o descreveu como um "infame playboy rico e gay" que "escoltava" a diva idolatrada.

Benedict era o acompanhante de boa aparência e bom sobrenome que Aimée levara para posar com ela ao lado de Ted Kennedy, numa mostra em Paris dos vestidos usados por Jacqueline na Casa Branca. (Fecharam a noite, no Musée des Arts Décoratifs, cantando com os Kennedy velhas toadas para rememorar verões em Palm Beach.) Benedict circulava pelas áreas íntimas da casa e era convidado a se hospedar em Biarritz e Palm Beach. Na companhia dele, Aimée se animava até a mexer com computadores e frequentou três ou quatro aulas noturnas de internet num cibercafé de Paris.[2] Em noites sem programação e sem gente interessante para receber, porém,

---

[1] Todas eram, além de nobres, celebridades internacionais. A condessa de Romanones, Aline Griffith, tinha uma história que a diferenciava das demais: ex-modelo, tornou-se agente da CIA na Segunda Guerra. Largou a espionagem depois de se casar com um conde espanhol.   [2] Aimée, que usava vários anéis nos dedos para disfarçar algumas disformidades, não se acostumou com os teclados. Jamais usou celular e não se deu bem com os computadores.

jantava na cozinha com as empregadas. Admitia para elas que a implicância com os velhos lhe estava custando caro e se divertia ouvindo sambas antigos cantarolados por Aparecida.

A família conhecia de cor uma frase que Aimée repetia como um mantra, em francês ou inglês, nos momentos de desconforto: "Todos os dias, de todos os pontos de vista, eu estou cada vez melhor", receita do terapeuta Émile Coué, que no início do século XX inventou um método de cura por autossugestão. Mesmo contra a vontade, porém, precisou cortar hábitos como os banhos de mar, que mantinha graças aos braços fortes de Aparecida. Certa vez em Biarritz, na praia bem em frente ao Cassino, as duas foram arrastadas por uma onda que varreu guarda-sóis, espreguiçadeiras e um bando de turistas distraídos. Depois disso, mesmo em Palm Beach, Aimée se contentava em caminhar pelas areias e apenas molhar os pés na água do mar, para alívio das empregadas.

Desde a internação em Madri, a filha passava mais tempo com a mãe e até a acompanhava em eventos sociais. Os anos, aparentemente, as haviam deixado mais tolerantes uma com a outra. Cristina estava se separando de John Noble quando ele morreu num acidente na fazenda, em 2005, aos 56 anos. Aimée mudou-se por cinco meses para Sevilha para ficar perto dela, levando junto Aparecida. Foi o último Natal que festejaram juntas.

27

O crepúsculo de Aimée não teve nada de Norma Desmond, a personagem-símbolo da diva decaída, reclusa, solitária e alheia ao tempo. Ela viveu os derradeiros anos como os setenta anteriores, empenhada em se divertir da maneira que mais gostava. Não precisou se preocupar com o fim do dinheiro ou com grandes problemas de saúde até ser internada num hospital de Nova York, em agosto de 2006, com infecção respiratória. Estava inteiramente lúcida, mas se debilitou em pouco tempo, morrendo de pneumonia no dia 13 de setembro. Foi cremada e enterrada ao lado do marido no Hillcrest Memorial Park, em Palm Beach. Na lápide, acima do sobrenome Heeren, gravado em letras maiores, estão os nomes do casal: Rodman A. — 1910-1983 e Aimée de S. — 1913-2006.

O mistério da data de nascimento chegou, ileso, ao túmulo. Poucos meses depois, outro episódio revelou o quanto a discrição de Aimée sobre o passado e a vida privada havia sido radical. Num encontro casual em Madri com um conhecido recém-chegado do Brasil, Cristina demonstrou curiosidade em saber como a morte da mãe repercutira no país. Ouviu que o nome de Aimée, na verdade, não era muito famoso por aqui, circunscrito praticamente às revelações históricas de dez anos antes, quando o caso com o presidente Vargas se tornou público. Cristina ficou surpresa, não sabia nada da história. Distante e desinteressada pela vida pregressa da mãe, jamais tomara conhecimento da publicação dos diários de Getúlio ou escutara qualquer comentário a respeito. Sabia apenas que o primeiro marido dela era um "homem forte" da ditadura Vargas — nunca que a mãe se tornara amante do ditador. Foi então que recordou daquela frase ouvida certa noite em Biarritz: "Hoje, antes de dormir, além de rezar para o seu pai, peça graças também para o presidente Vargas".

Cristina, que fala português com sotaque lusitano, não quis dar seu depoimento para este livro. Procurada, de início se dispôs a conceder entrevista, por vídeo. Prometeu reservar uma tarde para responder a perguntas, mas jamais marcou a data ou voltou a responder os pedidos de contato. Victoria, a filha, mora com o marido e duas filhas numa fazenda em Montana, nos Estados Unidos, onde também cria cavalos. Ela não tem interesse em falar sobre Aimée e alega que pouco conviveram, pois a avó "já era muito velha" quando ela nasceu. Victoria faz um juízo duro sobre uma mulher que gostava de ser vista como a Bem-Amada. Deixou claro a familiares interessados em relembrar o passado que considera lesiva a relação que Aimée tinha com sua mãe e diz que sempre a viu como uma "pessoa má", da qual não sente falta.

O testamento registrado por Aimée indicava Cristina como única herdeira. Todos os bens passariam para seu nome, com uma exceção apenas: o *Barco branco* de Sorolla. Sua pintura predileta seria herdada por George Baker III. Se a ressalva da mãe representava uma birra derradeira, não funcionou. Um ano antes da morte de Aimée, Baker sumiu no mar pilotando um avião de Nova York para Nantucket. Seu corpo jamais foi encontrado e a obra-prima do mestre espanhol também acabou ficando para a filha.

Aclamada como a "mecenas do flamenco", Cristina, por caminhos inteiramente diferentes de Aimée, é uma celebridade. Vive a maior parte do tempo na fazenda em Granada e tem uma casa em Sevilha, perto de sua fundação, com 25 cachorros.

O preferido é um pug chamado Capote. Recuperou o título de nobreza do avô paterno quando o rei Juan Carlos I, num surto de potestade, começou a distribuir a honraria a dezenas de famosos, nomeados condes sem condados ou privilégios reais — e com a obrigação de pagarem pelas taxas da honraria e por eventuais impostos de transmissão.[1] A III condessa de Heeren posou como modelo para a revista *Hola!*, desfilando uma coleção de trajes pelos ambientes da Villa La Roseraie. Contou a história de sua vida para a *Vanity Fair* e foi apresentada pela CNN espanhola e pelo jornal *El País* como a americana que dá lições sobre investimento em cultura e acusa a elite europeia de só querer benesses estatais. Aimée teria ficado orgulhosa da filha condessa.

Entre 2008 e 2015, a mecenas do flamenco investiu 1,8 milhão de euros na Fundação Cristina Heeren. Os vinte anos da escola foram comemorados com a mudança para uma nova sede, um antigo prédio amarelo de três andares, também em Triana, reformado ao custo de 3,8 milhões de euros (doados por ela). Hoje uma atração turística em Sevilha, o prédio acomoda nove salas de aula, salão de atos, teatro e oficinas. Ali já foram formados mais de 8 mil alunos, 40% deles estrangeiros. São norte-americanos, japoneses e holandeses, entre outras duas dezenas de nacionalidades, que estudaram três anos para conquistar o diploma de artista do flamenco.

Cristina decidiu se desfazer das quatro residências da mãe. Devolveu o apartamento de Paris e contratou Aparecida, que chama de Miss Brasil, para ajudá-la a manter as casas e receber

[1] Juan Carlos I distribuiu 55 títulos de nobreza. Entre os distinguidos, havia nomes conhecidos das artes, como os escritores Mario Vargas Llosa e Camilo José Cela, dois ganhadores do Nobel de Literatura; os pintores Salvador Dalí e Antoni Tàpies; e o violonista Andrés Segovia. Também nomeou marquesas sua irmã e suas duas filhas, e a viúva de Franco, María del Carmen.

os corretores interessados. O contrato era de seis meses, mas durou dez anos, e até hoje elas se mantêm em contato. Lydia, dispensada, voltou ao Brasil e morreu em sua casa em Niterói, aos 86 anos.

Pouco antes da crise imobiliária de 2008 nos Estados Unidos, a *townhouse* de Nova York foi vendida por 33 milhões de dólares para uma escola particular que prepara moças grã-finas para as universidades de ponta. Era, então, a quinta mansão mais cara de Manhattan, segundo o *New York Times*. Depois do negócio, Cristina comprou um triplex na Quinta Avenida, em frente ao Central Park.

Os móveis, tapetes e objetos da *townhouse* que Cristina não quis levar para o novo endereço foram leiloados em 96 lotes pela casa Bonham, de Nova York. O lance inicial para o relógio Luís XVI, que enfeitava o primeiro piso da mansão, era de 90 mil dólares. O retrato do rei Felipe II (já atribuído por peritos a alunos de Velázquez) pedia lances a partir de 45 mil dólares. Entre as centenas de itens leiloados, foram ofertados móveis por 51 mil dólares, peças de porcelana branca chinesa por 33 mil dólares e até um par de castiçais por 72 dólares.

A Villa La Roseraie, que Cristina exibiu na *Hola!*, esteve em oferta no mercado imobiliário por um tempo e, em 2018, ela negociou Louwana por 18 milhões de dólares. O comprador da mansão histórica foi o cirurgião vascular Mehmet C. Oz, o popular Dr. Oz, apresentador de um programa de auditório na televisão americana.

O *Barco branco* havia sido levado de Palm Beach muito antes. Em 2009, foi cedido por Cristina, com outros quatro quadros de Joaquín Sorolla,[2] para a grande retrospectiva do pintor

---

2 *A sombra da ponte de Alcântara*; retrato de Juan Ángel, *Zarauz*; a *Praia de Valência*; e o retrato de Alfonso XIII, *The Regency*.

no Museu do Prado. Pela primeira vez, as obras deixavam os salões dos De Heeren para serem vistas pelo público. Duas dessas pinturas[3] também foram cedidas para a exposição *Spanish Master of Light*, que homenageou Sorolla na National Gallery de Londres, em 2019.

---

3 *O barco branco* e *A sombra da ponte de Alcântara*.

28

Depois da morte de Aimée, Aparecida assinou um novo contrato, com o mesmo salário, e foi fixada em Nova York. Cristina dizia que, no futuro, quando precisasse de uma dama de companhia, a queria ao seu lado. Enquanto isso, o novo trabalho consistia em ajudar a caseira na manutenção da *townhouse* e receber os interessados na compra do imóvel. Como Aparecida só tinha visto de turista, passava seis meses nos Estados Unidos (a partir do final de outubro ou início de novembro) e vivia outros seis no Brasil, à disposição de Cristina para qualquer eventualidade.

Quando a mansão foi vendida e o novo apartamento da Quinta Avenida ainda estava em reformas, cumpriu seu período de trabalho em Montana, como doméstica de Victoria, que não tinha empregadas nem babá para as duas filhas. A neta de Aimée, apesar da fortuna, defendia uma vida sem luxos: o marido Nicolás era o responsável pela cozinha e ela, que não gostava de *niñeras* com as crianças, se encarregava da arrumação da grande casa de madeira da fazenda. Em outro ano, acompanhou Cristina em férias pelo Caribe e, na temporada seguinte, ganhou um quarto no apartamento provisório alugado na Rua 64. Esse arranjo funcionou até outubro de 2017, quando foi barrada na imigração e extraditada para o Brasil. Os agentes desconfiaram da frequência das viagens e não aceitaram as desculpas de que se tratava apenas de visitas a convite dos familiares da falecida ex-empregadora. Aparecida trata o caso como um episódio "chato, mas previsível".

Ela fez 65 anos em outubro de 2023 e ainda mora na casa construída em São Gonçalo. Acha que trabalhar para Aimée foi uma sorte que teve na vida e, sem mágoas, considera jogo jogado os momentos difíceis que enfrentou, como a extradição. Conheceu o que jamais imaginara e conseguiu exatamente o que queria: fazer um pé-de-meia e criar bem os filhos. Daniel e Rodrigo estão por perto, ela tem uma netinha e ainda convive com os filhos dos Gebara, Renata e Felipe, além dos quatro filhos dele, "netos de coração", como ela chama. "Deus me abençoou, fazer o quê?" Se alguém pergunta sua profissão, não vacila: "Doméstica, com muito orgulho. Foi assim que fiz minha vida".

Na primeira vez em que nos encontramos, repartindo um entrecôte num restaurante carioca, Aparecida usava brincos e uma discreta gargantilha de ouro com pequenos brilhantes, presentes de Aimée. Por caminhos diferentes, claramente também se tornara uma das adoradoras da diva e descrevia com detalhes o mundo de pura fantasia em que a viu reinar. Ao mesmo tempo que recorria ao clichê da "mulher à frente do seu tempo", mostrava também um lado carinhoso da relação entre as duas: "Madame era um bebezão mimado".

Nas várias conversas que tivemos, relembrou os almoços no Louvre, quando as empregadas eram levadas para visitar as grandes exposições; os passeios pela Champs-Élysées, sua rua predileta de Paris; o paraíso das compras e facilidades que é Nova York; os palácios e os hotéis icônicos que conheceu. Garante que só ouviu Aimée dar broncas por dois motivos: falta de gengibre para o chá depois das refeições e papel demais desperdiçado nos aparelhos de fax. "Rolos e mais rolos para receber e mandar uma coisinha qualquer."

As dificuldades nunca foram Aimée e suas manias, mas o clima estafante da casa que lembra ter encarado no primeiro ano. Lydia escondia dela até a dosagem certa das vitaminas e bolinhas de homeopatia que a patroa devia tomar ao acordar. E, além das saudades doídas da família, havia outra questão complicada: gostava demais do Rio de Janeiro. Sentia falta até do salão de baile que frequentava na rua Jardim Botânico, onde viu de perto Martinho da Vila. (Tudo bem, era alta madrugada, ele estava derrubado e cantou só três músicas, mas foram inesquecíveis.) Perdia-se em Paris, pensava que nunca se localizaria por aquelas ruelas e ouvia aulas de francês em aparelhos de CD, com ajuda de Marie-France. Notava que Madame não gostava de sua vontade de aprender o idioma.

Para não morrer de tédio naquele casarão de Nova York, com a neve se acumulando nas ruas, inventava "palhaçadas" para matar o tempo. Sentia um desassossego, vontade de dar risada de alguma coisa, e, então, se escondia e pregava sustos no pessoal da casa. Ou surgia de peruca loura no meio da sala. "Eu era o *clown*, Madame adorava e o tempo passava." Ensinou Aimée a cantar "Trem das onze", enquanto lhe fazia companhia nos jantares solitários na cozinha.

Entre muitas histórias, há uma que considera definitiva para mostrar o tamanho da influência social de Aimée: "Madame emprestou a casa para a Carolina Herrera morar por três meses — emprestar casa para essa mulher, imagina isso!". A megaestilista venezuelana morava na Rua 91, vizinha de Aimée, e pedira emprestado a mansão da amiga, enquanto seu apartamento passava por reformas. Mas esse desapego não era para qualquer um. Aparecida também conta o caso de um diplomata brasileiro (não se lembra do nome) que tentou tirar férias gratuitas na mansão de Palm Beach e não levou. Aimée desconfiou que receberia algum pedido especial quando o diplomata, com quem não tinha intimidade, a convidou para jantar no premiado e caríssimo L'Arpège, a apenas quatro quarteirões de casa e, bem a seu gosto, templo dos vegetais.[1] Achou demasiado da parte dele e alegou lotação esgotada em Louwana para o verão.

Inesquecível também foi a noite de Ronaldinho Nazário no Maxim's. O jogador estava jantando numa mesa próxima e, incentivada pela patroa, Aparecida pediu o autógrafo dele no cardápio do restaurante. Aimée — que não reconhecera nem Demi Moore — não tinha a menor ideia de quem era o Fenômeno e se surpreendeu com a fila que se formou atrás de Aparecida, arruinando o jantar do craque.

São histórias que seus familiares ouviram inúmeras vezes, como também já a viram corrigir informações quando assiste a programas de colunismo social. Na TV, uma socialite se diz maravilhada com a hospedagem no Palácio de Sankt Emmeram, em Regensburg, na Baviera, e destaca que ele tem nada menos de quinhentos quartos. "Quatrocentos e cinquenta!", retifica Aparecida, acrescentando que ali há um funcionário só para acertar os relógios do castelo.

As memórias são recentes, vivas, mas a vontade de reparti-las precisa ser contida. Aprendeu isso numa fila de banco em Niterói. Estava resolvendo assuntos da aposentadoria numa agência, quando a TV da sala de espera mostrou cenas de Paris. O homem sentado na poltrona ao lado disse conhecer aquele lugar, puxou conversa e passou a fazer comentários sobre a cidade. Aparecida falou que também conhecia, pois havia morado lá, trabalhando como doméstica. Na hora em que ele quis

---

[1] O L'Arpège é o restaurante de Alain Passard, o primeiro chef com três estrelas do Guia Michelin a se tornar vegetariano. Seu destaque são os produtos de cultivo próprio, apresentados em pequenas esculturas como "criações artísticas" de Passard. Ele diz que sua missão é "levar o humilde vegetal à categoria de um *grand cru*".

saber detalhes, foi que teve o estalo: "Como é que eu podia falar da minha vida lá? Contar essas coisas maravilhosas que eu vi? O sujeito ia sair por aí falando que encontrou na fila do banco uma velha maluca, com mania de grandeza".

Agradecimentos

"Ela gostava de gente interessante." Ouvi essa frase inúmeras vezes, nos últimos dois anos, conversando com pessoas que conviveram com Aimée. Era uma chave recorrente para relembrar episódios sobre sua vida, amigos e predileções. "Gente interessante" não é um conceito que carece de muitas explicações. Define tipos diversos, que fazem ou fizeram coisas interessantes, que têm interessantes ideias, jeitos interessantes de ver o mundo e, de preferência, gosto por hábitos antigos como a boa conversa. A diversidade e a inerente capacidade de convivência gentil atenuam todas as demais questões que costumam dividir as pessoas, mesmo as mais interessantes.

Pela mostra que tive, Aimée sabia distinguir muito bem os indivíduos dessa categoria. Foi inestimável a ajuda de entrevistados como Maria Ignez Barbosa, que além de compartilhar lembranças e uma notável agenda, decifrou para mim códigos e costumes de um mundo que nunca frequentei. Também inestimáveis foram as colaborações de William e Luiza Prettyman, de Luiz Eduardo e Ana Maria Indio da Costa, e de Maria Aparecida de Oliveira. Agradeço às dezenas de amigos, conhecidos e parentes de Aimée citados neste livro que se interessaram em recuperar a história dessa grande e quase esquecida dama — e também aos que preferiram preservar seus nomes, mas se dispuseram, com enorme paciência, a confrontar versões e esclarecer dúvidas.

Este livro é dedicado à minha amada Patrícia Ferraz, a imprescindível. Pilar de tudo que cinge nossa família, primeira leitora de todas as versões do texto, linha por linha, Tici é um oceano. Além dela, contei com a ajuda decisiva do amigo e mestre Elio Gaspari, com quem pude repartir cada avanço das pesquisas e do manuscrito, também submetido à leitura de outro amigo jornalista, Fábio Bianchini, a quem carinhosamente chamamos de "o último semântico". Agradeço a colaboração de companheiros de longa data como os jornalistas Mário de Almeida, Yan Boechat e Aluízio Maranhão, do roteirista Zé Dassilva e do historiador Clemente Penna, que me presentearam com tempo, ideias e informações.

Referências bibliográficas

LIVROS

BALLARD, Bettina. *In My Fashion*. Nova York: David McKay, 1960.
BARBOSA, Maria Ignez. *Histórias de estilo e décor*. São Paulo: MetaLivros, 2011.
BEATON, Cecil. *The Unexpurgated Beaton: Cecil Beaton Diaries as He Wrote Them, 1970-1980*. Boston: Da Capo Press, 2005.
CALDEIRA, Jorge (Org.). *Brasil: A história contada por quem viu*. São Paulo: Mameluco, 2009.
CALLAN, Georgina O'Hara. *Enciclopédia da moda*. São Paulo: Companhia das Letras, 1992.
CASTRO, Ruy. *A noite do meu bem: A história e as histórias do samba-canção*. São Paulo: Companhia das Letras, 2015.
____. *Metrópole à beira-mar: O Rio moderno dos anos 20*. São Paulo: Companhia das Letras, 2019.
COHN-BENDIT, Dany. *Nós que amávamos tanto a revolução*. São Paulo: Brasiliense, 1987.
JOHNSON, Paul. *Tempos modernos: O mundo dos anos 20 aos 80*. São Paulo: Instituto Liberal, 1998.
JUDT, Tony. *Pós-guerra: Uma história da Europa desde 1945*. Rio de Janeiro: Objetiva, 2008.
KAEL, Pauline. *Criando Kane e outros ensaios*. São Paulo: Record, 2000.
LAGO, Pedro Corrêa do. *Oswaldo Aranha: Uma fotobiografia*. Rio de Janeiro: Capivara, 2017.
LIRA NETO, João Cavalcante de. *Getúlio (1882-1930): Dos anos de formação à conquista do poder*. São Paulo: Companhia das Letras, 2012.
____. *Getúlio (1930-1945): Do governo provisório à ditadura do Estado Novo*. São Paulo: Companhia das Letras, 2013.
____. *Getúlio (1945-1954): Da volta pela consagração popular ao suicídio*. São Paulo: Companhia das Letras, 2014.
MIRALLES, Nina-Sophia. *Nos bastidores da* Vogue*: A história da revista que transformou o mundo da moda*. São Paulo: Record, 2022.
MORAIS, Fernando. *Chatô, o rei do Brasil*. São Paulo: Companhia das Letras, 1994.

NASSIF, Luis. *Walther Moreira Salles: O banqueiro-embaixador e a construção do Brasil*. São Paulo: Companhia Editora Nacional, 2019.

PICARDIE, Justine. *Coco Chanel: A vida e a lenda*. São Paulo: HarperCollins, 2011.

PRETTYMAN, William. *Beatrice and Margaret: An Illustrated Family Tree (1813-2021)*. [S.l.]: Edição do Autor, [s.d.].

RIDING, Alan. *Paris: A festa continuou. A vida cultural durante a ocupação nazista, 1940-4*. São Paulo: Companhia das Letras, 2012.

SCHEIPS, Charlie. *Elsie de Wolfe's Paris: Frivolity Before the Storm*. Nova York: Abrams, 2014.

SCHWARCZ, Lilia M.; STARLING, Heloisa M. *Brasil: Uma biografia*. São Paulo: Companhia das Letras, 2015.

SMITH, Sally Bedell. *Reflected Glory: The Life of Pamela Churchill Harriman*. Nova York: Simon & Schuster, 1996.

TAYLOR, Lou; McLOUGHLIN, Marie (Orgs.). *Paris Fashion and War II: Global Diffusion and Nazi Control*. Nova York: Bloomsbury Visual Arts, 2020.

TIEL, Vicky. *It's All about the Dress: What I Learned in Forty Years about Men, Women, Sex, and Fashion*. Nova York: St. Martin's, 2011.

VARGAS, Getúlio. *Diário: Vol. 1 — 1930-1936*. São Paulo: Siciliano/FGV, 1995.

____. *Diário: Vol. 2 — 1937-1942*. São Paulo: Siciliano/FGV, 1995.

WISER, William. *Os anos loucos: Paris na década de 20*. Rio de Janeiro: José Olympio, 1993.

TESES E ENSAIOS

BENARUSH, Michelle Kauffmann. "Aimée de Heeren: Do exílio à fama". *Iara: Revista de Moda, Cultura e Arte*, São Paulo, v. 5, n. 1, pp. 50-72, 2012.

____. "A cliente de alta-costura: A mecenas da moda". Sétimo Colóquio de Moda, Maringá, 2011.

MARTINELLI, Fernanda. "Gatsby, Dior e a produção do luxo na moda no século XX". *Alceu*, Rio de Janeiro, v. 16, n. 33, pp. 73-90, jul.-dez. 2016.

Créditos das imagens

p. 113: William Prettyman
p. 114: [acima] Alzira Vargas do Amaral Peixoto, FGV/ CPDOC. AVAP
foto: 013-277; [abaixo, à esq.] Alzira Vargas do Amaral Peixoto, FGV/
CPDOC. AVAP foto: 008-21; [abaixo, à dir.] William Prettyman
p. 115: Alzira Vargas do Amaral Peixoto, FGV/ CPDOC. AVAP foto: 008-71
pp. 116-7: Roger Schall/ Schall Collection
p. 118: Retrato da Senhora Aimée de Heeren (1945), Candido Portinari.
Pintura a óleo/ tela, 73 x 60 cm. FCO: 2746/ CR: 2437. Direito de
reprodução gentilmente cedido por João Candido Portinari. Museu
de Arte de São Paulo Assis Chateaubriand. Foto: Eduardo Ortega
p. 119: Ruth Orkin Photo Archive
p. 120: Henry Clark/ Vogue © Condé Nast
pp. 121-3: O Cruzeiro/ D.A Press
p. 124: [à esq.] Ana Maria Indio da Costa; [à dir.] William Prettyman
p. 125: Ana Maria Indio da Costa
p. 126: [à esq.] Acervo: Maria Aparecida de
Oliveira; [dà dir.] Aníbal González Pinto
p. 127: John Rawlings/ Vogue © Condé Nast

Índice remissivo

Números de páginas em *itálico* referem-se a imagens

007 contra GoldenEye (filme), 177
1-Minute Mask (creme da Pond's), 68
30 Regimento de Infantaria (Praia Vermelha, Rio de Janeiro), 30
20th Century Fox, 59

A

"A Bem-Amada" de Getúlio Vargas, Aimée como, 11-2, 33, 37-40, 42-5, *187*
A sangue frio (Capote), 152n
A&P (rede varejista dos EUA), 32
Abetz, Otto, 62
Abu Dhabi, 160
Academia de Ciências de Leningrado (URSS), 132, 134, 136
Ação Integralista, 36
Achilleus (iate), 103-7
Actors Studio (Nova York), 112
adoração dos pastores, A (tela de El Greco), 142
Adrian, Gilbert, 67
África, 38n, 61, 65, 161
África do Sul, 80
"Afronta" (editorial da *Tribuna da Imprensa*, 1952), 92

Aga Khan III, sultão (Mohammed Shah), 86-7
Agnelli, Gianni, 103, 146
Albânia, 54
Aldrin, Buzz, 170
Alemanha, 25, 27-8, 54, 57n, 59, 61, 65, 72, 136
Alexandre I, rei da Iugoslávia, 57n
Alexandre I, tsar, 132
Alexandre II da Iugoslávia, príncipe, 183
algodão, tecidos de, 55, 89, 91, 93, 108, 129, 160
Aliança Liberal (anos 1930), 18
Alkmin, José Maria, 133
Almeida, José Américo de, 33n
alta-costura, 10, 49-50, 56, 67, 69, 72-4, 89, 140
Alveric (personagem), 64
Alves de Lima, Joaquim Bento, 77
Amado, Jorge, 30n, 104
Amaral Peixoto, Alzira do, 25, 34, 42, 62, 89-90, 92
Amaral Peixoto, Celina Vargas do, 11
Amaral Peixoto, Ernani do, 62
Amazônia, 132, 136
An Illustrated Family Tree (1813-2021) (William Prettyman), 166
Andaluzia (Espanha), 84, 112, 162, 174
Andrada, Antônio Carlos de, 33n
Andress, Ursula, 13n

antissemitismo, 57-8
"Anything Goes" (canção), 55n
Aparecida (empregada doméstica de Aimée) *ver* Oliveira, Maria Aparecida de
apiaká, indígenas, 136
Apollo 11 (nave espacial), 170
Apolo, templo de (Delfos), 106
"Aquarela do Brasil" (canção), 63
Aranha, Luís Oswaldo Norris, 44n
Aranha, Oswaldo, 18, 33n, 43, 47, 141, 169
Araújo, Manezinho, 94
Araújo, Severino, 90
Arbousse-Bastide, Paul, 91
Argentina, 15, 148, 155, 159
Arinos, rio, 136
aristocracia, 26-7, 71, 87, 101, 139, 142, 146-7, 160
Arpège, L' (restaurante parisiense), 194
Ashley, Lady Sylvia, 56
Ásia, 61
Assuã, barragem (Egito), 108
Atenas (Grécia), 106
Áustria, 54, 57n
Azambuja, Marcos, 103, 147-8, 150-2, 155, 172, 179

B

Baba de Faucigny-Lucinge, princesa, 86n
Babo, Lamartine, 63
baby boomers, 139
Bacán, Pedro, 175
Bahamas, 32n, 166
Bahia, 129-32
Bailarinas de bronze (esculturas de Degas), 80
Baile Proust (baile dos Rothschild, Paris, 1971), 153
Baile Surrealista (baile dos Rothschild, Paris, 1972), 154
Baile Vermelho (aniversário de Nelson Seabra, Paris, 1980), 154n
Baker III, George, 164, 187
Baker, Josephine, 24
Bal-Cirque (baile circense em Paris, 1939), 54, 56-62, 65, 86, 101, 148, 155
Bal Oriental, Le (baile em Veneza, 1951), 86-8, 101, *119*
Balcony House (Nassau, Bahamas), 166
Balé Bolshoi (Moscou), 135
Balenciaga, 10, 49, 72-4, 76, 140-1
Ballard, Bettina, 50-2, 56, 61, 75-6
Ballet do Marquês de Cuevas, 92
Banco da Bahia, 131
Banco do Brasil, 22
Bangu, Fábrica de Tecidos, 89, 91
banhista e o cão griffon, A (tela de Renoir), 81-2, 138
Bar Alpino (Rio de Janeiro), 29
"Barba de bode" (canção), 94n
Barbas, Raymond, 72
Barbosa, Maria Ignez, 144, 154, 169
Barbosa, Rubens, 144n
barco branco, O (tela de Sorolla), 85, 164, 187, 189
Bardi, Lina Bo, 78-9
Bardi, Pietro Maria, 80, 137
Barrault, Jean-Louis, 92
Barreto, Luiz Carlos, 96, 104-7
Barros, Adhemar de, 43
Barroso, Ary, 63
Bazaar (butique de Mary Quant), 140
Beaton, Cecil, 55, 86, 155-9
Beistegui, Carlos de, 86-8, 102

Belgrado, 183
Belperron, Suzanne, 56, 74-5
Beltrão, Andréa, 11
Benário, Olga, 30*n*
Benarush, Michelle Kauffmann, 50, 91*n*
Bendor *ver* Grosvenor, Hugh Richard ("Bendor", duque de Westminster)
Berenson, Marisa, 154
Berghof, Herbert, 112
Berlim, 16, 26, 28, 34, 72, 104, 183
Berlin, Irving, 55
Bernard, Augusta, 49
Bernardes, Artur, 17
Bernier, Olivier, 58
Bezerra, Egídio, 94
Biarritz (França), 9-11, 13-4, 52, 65, 71, 83-5, 98, 109, 131, 133, 168, 172, 183-5, 187
Bismarck, Mona, 59
Black and White Dance (baile em Nova York, 1966), 152-3
Blanquita (filha dos zeladores da Villa La Roseraie), 83
Bocher, Main Rousseau, 59*n*
bolcheviques, 59
Bond, James (personagem), 32
Bonnet, Georges, 58, 61
Bordeaux (França), 66
bororo, indígenas, 136
Botelho, Cândido, 63
Boughton House (Northamptonshire, Inglaterra), 141-2
Bourbon, dinastia dos, 153
Bousoño, Carlos, 112
Bowhill House (Escócia), 141
Broadway (Nova York), 146
broche da imperatriz Eugénie de Montijo, 51-2

Bryce, Grace & Co., 31*n*
Bryce, John Felix Charles ("Ivar"), 31-2, 39, 48-9, 166*n*
Buccleuch, duque de (Walter John Montagu-Douglas-Scott), 141-2, 144
Budapeste, 34
Buenos Aires, 158-9
Bullitt, William, 59
Burden, Amanda, 177
"butiques" de Londres, 140

C

Califórnia (EUA), 61, 168
Calixto, Benedito, 78
Callas, Maria, 103
Calmon, Miguel, 17
Câmara dos Deputados, 18, 37
Câmara Municipal de São Paulo, 80
Camel (cigarros), 171
Campos, Francisco, 36-7
Campos, Teresa Sousa, 150
Campos dos Goytacazes (RJ), 76, 166
Cannaregio (Veneza), 86
Cannes, Festival de, 87-8, 92
cante jondo, 174
Cap d'Antibes (Côte d'Azur), 104
Capote (cachorro de Cristina), 188
Capote, Truman, 69, 152*n*, 154, 155*n*
Carcano, Miguel Ángel, 159*n*
Cardin, Pierre, 74, 86
Cardoso, Elizeth, 91
Carnaval, 91, 93, 101, 157-8
"Carnaval brasileiro em Paris" (matérias de *O Cruzeiro*, 1952), 93
Carneiro, Luciano, 96, 99
Cartier (joalheria), 60
cartwheel (chapéus), 74*n*
Carvalho, Evinha Monteiro de, 108

Carvalho, Joaquim Monteiro de, 104, 108
Casa da Amizade (Moscou), 135
Casa Mappin & Webb (ourivesaria), 98
Cassini, Igor, 102*n*
Cassino da Urca (Rio de Janeiro), 24
Castelo Branco, Humberto de Alencar, 133
castelo de Dunsany (Irlanda), 64, 109, 165
Castillo de Luna (disco de Calixto Sánchez), 175
Castro (PR), 10, 14, 166
Catão, Lourdes, 150
Caymmi, Dorival, 63
Cela, Camilo José, 188*n*
celebrações da aristocracia, história das, 101
"celebridades", uso do termo, 147
Central do Brasil, 19
Central Park (Nova York), 110, 189
Centro de Pesquisa e Documentação de História Contemporânea do Brasil (CPDOC), 11
Cézanne, Paul, 81
Chambre Syndicale de la Haute Couture (Paris), 72
Chanel, Coco, 10, 50-2, 56, 58-9, 61, 73, 75, 141
Chanel Nº 5 (perfume), 50
"chapéus escolhidos por elas, Os" (reportagem da *Vogue*), 73
Château D'Eu (Normandia), 96*n*, 148; *ver também* Fundação de Estudos Históricos Dom Pedro II
Chateau Madrid (*tablao* em Nova York), 112
Chateaubriand, Assis ("Chatô"), 11, 28, 77, 79-82, 89-100, 102, 104, 106, 108-9, 128-31, 133-8, 160
Chateaubriand, Gilberto, 95, 99
"Chateaubriand em Moscou" (reportagens em *O Cruzeiro*, 1965), 136
Chatô (filme), 11, 99
Chatô, o rei do Brasil (Morais), 11, 95, 98-9
Chelsea (Londres), 140
Chez Florence (Paris), 60
Chez Maxim's (Paris), 82
Chile, 31*n*
China, 160
Choltitz, Dietrich von, 62
Chopra, Deepak, 168
Churchill, Winston, 58, 61, 145
Cidade do México, 149
Citibank, 164
Clark, Sir Kenneth, 82
classicismo, 82
Clinton, Bill, 146
Cohn-Bendit, Daniel, 143
Colbert, Claudette, 92
Columbia, Universidade, 110, 112
colunas sociais, Aimée nas, 29, 68
colunismo social, 90, 97, 102-3, 150, 194
Comet (jato comercial), 102*n*
comunistas, 26, 30, 80
Concílio de Trento (1545-63), 137
Congresso Feminista Nacional, 30
Congresso Nacional, 22, 30, 33
Conselho de Segurança Nacional, 62
Copa do Mundo de 1998 (França), 178
Copacabana, bairro de (Rio de Janeiro), 16, 25, 33, 39, 46, 69, 77
Copacabana Palace (Rio de Janeiro), 29, 56, 70, 77, 157

Corbeville, festa no castelo de (França, 1952), 89-93, 97, 101, 108, 129, 160
Corfu (ilha grega), 106
coroação da rainha Elizabeth II (1953), 98-9
Corolle/New Look (coleção de Christian Dior), 73, 99
corpetes e espartilhos, 10, 73
Corrêa do Lago, Pedro, 169
Corrèges, Andrès, 140n
Correia do Lago, Antônio, 150, 169n
corrupção, 89n
Cortázar, Julio, 143
cortesã e meretriz, diferença entre, 145
"Cortina de Ferro" (URSS), 133
Costa, Sérgio Correia da, 141, 144, 150, 169n
Costa, Zazi Correia da, 141, 144, 169n
Côte d'Azur (França), 104
Cotegipe, barão de (João Maurício Wanderley), 131
Coué, Émile, 185
Créole (iate), 105
Criança morta (tela de Portinari), 79
Croix-de-Feu (liga francesa de de extrema direita), 58
Crosby, Bing, 24
Cruz Vermelha, 61
Cruzeiro, O (revista), 11, 77, 81-2, 93-4, 96, 99, 104-5, 108, 129-30, 133, 136
cruzeiros marítimos, 103
Cuevas, Marquês de, 92
Cukor, George, 155n
Cunha, Flores da, 33n, 35
Curie, Ève, 57, 61
Curie, Marie, 57n

D

D'Arco, condessa, 183
Dalí, Salvador, 49, 86, 188n
Dania (secretária executiva de Aimée), 164
Dasp (Departamento Administrativo do Serviço Público), 36, 46-7
De Cicco, José, 29
De Gaulle, Charles, 61
Debret, Jean-Baptiste, 91
"Decomposição" (editorial do *Estadão*, 1952), 93
Degas, Edgar, 80
Delfos (Grécia), 106
democracia, 26, 175n
desfiles de moda, 69, 70, 72n, 74, 75n, 76
design de interiores, 55n
Desmond, Norma, 186
Dessès, Jean, 74
diamantes são eternos, Os (Fleming), 32
Diario de Pernambuco (jornal), 129
Diários Associados, 79, 81, 93, 95, 128-30, 134, 137
diários de Getúlio Vargas, 11-2, 20-1, 23, 28-9, 33-42, 44-6, 62, 186
Diba, Farah, 153
Dietrich, Marlene, 59
Dincklage, Hans Günther von, 58
Dior, Christian, 10, 56, 73-4, 76, 86, 140
direita política, 57-8, 159
ditadura militar (1964-85), 133-4
ditadura Vargas *ver* Estado Novo (1937-45)
DNER (Departamento Nacional de Estradas de Rodagem), 22
Donaldson, Antony, 128n

Donnelly, Shannon, 13*n*
Dos Passos, John, 111
druidas, 65
Drumlanrig Castle (Escócia), 141
Druon, Maurice, 145*n*
Duas vezes você (tela de Donaldson), 128*n*
Dubai, 160
Dublin (Irlanda), 48, 66
Duende, El (*tablao* madrilenho), 111
Duende, El (trupe de artistas), 85
Duke, Doris, 67, 69, 171
Duke, James Buchanan, 67, 171
Dunsany (Irlanda), 48*n*, 64, 109, 165*n*
Dunsany, Lord *ver* Plunkett, Edward John (Lord Dunsany, pai de Randal)
Dutra, Eurico Gaspar, 26, 36, 45

E

East 90th Street (Nova York), 109
Edward, duque de Windsor, 71, 160
Egito, 108, 153
El Greco, 142
elfos (na ficção), 48, 64
Elizabeth II, rainha da Inglaterra, 98-9, 137, 141, 158
"Elsa's Comment" (colunista social do *New York Journal-American*), 97
Elsie de Wolfe's Paris: Frivolity Before the Storm (Scheips), 60
Em busca do tempo perdido (Proust), 154
"Em louvor de uma Wanderley" (artigo de Freyre no *Diario de Pernambuco*), 129
embaixada soviética no Brasil, 133-4
Enterro na rede (tela de Portinari), 78
Escócia, 61, 141

Espanha, 65, 67-8, 83, 85, 111, 128, 161-2, 174, 176, 180
espartilhos e corpetes, 10, 73
esquerda política, 159
Essex (Inglaterra), 32
Estado de S. Paulo, O (jornal), 93
Estado Novo (1937-45), 33*n*, 36-7, 187
Estados Unidos, 11, 28, 31*n*, 32, 59, 66-7, 73, 102, 139, 165, 187, 189, 191
Eton College (Windsor, Inglaterra), 32, 49, 77
Eu, ou um calmo jantar (tela de Proctor), 128*n*
Eugénie de Montijo, imperatriz consorte da França, 51-2
Europa, 9, 12, 16, 26, 32, 34-5, 42*n*, 57, 62*n*, 79-80, 82, 84, 87, 102, 129-30, 142, 149, 154*n*, 169, 176
Exército, 43, 48
extrema direita política, 57-8

F

Fairbanks, Douglas, 56
Fantasia brasileira (composição de Gnatalli), 63
Farrow, Mia, 152*n*
fascismo, 26, 33, 36, 45
Fath, Jacques, 74, 89-93
Faucigny-Lucinge, Baba de, princesa, 59
Faucigny-Lucinge, Jean-Louis de, príncipe, 108
Feira Internacional de Milão, 34
Felipe II, rei da Espanha, 85
feministas, 16, 30
Fiat (montadora italiana), 103, 146
Fiesp (Federação das Indústrias do Estado de São Paulo), 81

Figaro, Le (jornal), 170
filha do rei de Elfland, A (Lord Dunsany), 64
First National Bank of New York, 164
FIT (Fashion Institute of Technology — Nova York), 50, 72, 73*n*, 74
Fiúza, Iedo, 22, 35, 39, 46
flamenco, 84-5, 111-2, 174-6, 187-8
Flamenco es Vida, El (show), 176
Fleming, Harold, 98*n*
Fleming, Ian, 32, 166
Florence, Hercule, 132, 136
Flórida, 10, 67, 155
Fluminense (time), 56
Flying Cloud (iate), 52
Fomin, Andrei, 133-4
Fonseca, Ademilde, 91
Fontes, Guilherme, 11, 99
Fontes, Lourival, 149
Ford, Charlotte, 103
Ford II, Henry, 103
fotojornalismo brasileiro, 96*n*
Foy, Thelma Chrysler, 69
França, 9, 26, 59, 61, 65-7, 71, 80, 85, 96, 105, 130, 145*n*, 146, 148, 158, 171
França Livre (governo no exílio em Londres), 61
Franco, Francisco, 174, 175*n*, 188*n*
Franco, Manolo, 175-6
Franco, María del Carmen, 188*n*
Frank, Jean-Michel, 55*n*
Frederica de Hanôver, rainha consorte da Grécia, 106
frevo, 90, 92, 94
Freyre, Gilberto, 93, 129
Frick, Henry, 55*n*
funcionalismo público, 37
Fundação Cristina Heeren de Arte Flamenca (Sevilha), 176-7, 188
Fundação de Estudos Históricos Dom Pedro II, 96, 133, 148; *ver também* Château D'Eu (Normandia)
Fundação Getulio Vargas, 12, 40, 46, 94

G

Gabor, Zsa Zsa, 92
Gades, Antonio, 175*n*
Gainsborough, Thomas, 142
Galante, Pierre, 105
Galeria Wildenstein (Paris), 97
García Lorca, Federico, 174
Gauguin, Paul, 81
Gebara, Lúcia, 180-1
Genebra, 103
Gervais, Louis, 70
Getúlio (trilogia de Lira Neto), 46
Gibson, Mel, 64*n*
Gigi (filme), 155*n*
Gipsy Kings (grupo de flamenco), 176
"Giraldillo al Cante" (canção), 174
Givenchy, Hubert de, 74, 140, 149
Gnatalli, Radamés, 63
Goddard, Paulette, 92
Goebbels, Joseph, 27
Golden Room (Copacabana Palace), 29, 70
golfe, 40-1, 43-4, 46
golpe militar (1964), 46, 89, 133
Gondim, Leão, 77, 81
Gonzaga, Zé, 91, 94
Gouthier, Hugo, 106, 150
Gouthier, Laís, 106-7, 142, 170
Goya, Francisco de, 81, 137
Grã-Bretanha, 59, 141; *ver também* Inglaterra
Graça, visconde da, 15
Graf Zeppelin (dirigível alemão), 26

Graham, Katharine, 152n
Granada (Espanha), 162-3, 175, 177, 183, 187
Grant, Cary, 69
Grécia, 103-6, *122*, 142
Grès, Alix, 29n, 74
Grosvenor, Hugh Richard ("Bendor", duque de Westminster), 51-2, 58
guano (fertilizante natural), 31, 166
Guaporé, rio, 136
Gueiros, José Alberto, 77
Guimarães, Manuel Ferreira, 98n
Guinle, Arnaldo, 56

H

Hall, Jerry, 154n
Hals, Frans, 81
"Happy Feet" (canção), 60
"Harlem on My Mind" (canção), 55n
Harriman, Pamela Churchill, 103, 145-6
Harris, Arthur, 76
Hartford, Josephine, 32
Haute Couture em Paris, 72n
Havilland, Olivia de, 105
Heeren, Aimée de, *113-27*; adepta de homeopatia e terapias alternativas, 167-8; álcool e cigarro evitados por, 59; alegria e bom humor de, 23, 56; alimentação frugal de, 168; altacostura consumida por, 49-51, 56, 67, 72-4; amizade com a irmã Vera, 23-4, 165; amizade com Alzira Vargas, 25; amizade com Benedict Solms, 184; amizade com Charlô Whately, 178-9; amizade com Walther Moreira Salles, 149; amor e casamento na visão de, 85; amor pelo Brasil, 131; apreço por Ana Maria Indio da Costa, 171; arrivista na visão da sogra Fernanda Wanamaker, 68; atrasos deliberados em eventos, 170; auxílio financeiro enviado por Getúlio Vargas (1938), 46; beleza física de, 13, 16-7, 151, 169; boa aparência na velhice, 13, 151; broche da imperatriz Eugénie de Montijo em posse de, 51-2; carregada numa liteira por negros na festa de Corbeville (França, 1952), 89, 91; casamento com Luís Simões Lopes (1932), 23; Cecil Beaton sobre, 156; chapéus de, 50-1; circulando por Nova York e Paris de táxi ou de ônibus, 178; colaborando na criação do acervo do Masp, 79-82, 137-8; coleção de trezentos figurinos doados ao Museu FIT (anos 1970), 50, 72, 73n, 74; como "a Bem-Amada" de Getúlio Vargas, 11-2, 33, 37-40, 42-5, 187; como "a última das grandes damas", 12; como "cortesã", 145; como "sinhazinha" na festa de Corbeville (França, 1952), 89, 91, 108, 129, 131; como Aimée Lopes, 54; como Madame de Heeren, 68, 70-1, 129; como modelo da Pond's, 68; como socialite, 9, 11, 12, 93, 147,-8, 161, 177; conhece o segundo marido (Rodman de Heeren), 67; consulesa honorária do Brasil em Biarritz, 10, 109, 150; controvérsias sobre sua data de nascimento, 9-10, 13-4, 186;

Heeren, Aimée de (*continuação*), convidada para eventos na França, 52; convidada para uma recepção na embaixada brasileira em Paris (1946), 71; cortejada pelo duque de Westminster, 51; defende o sexo como atividade vital para a saúde, 167; definindo-se como "garota de bastidores", 146; desconhecimento do universo pop, 168, 194; destacada com frequência em *O Cruzeiro*, 93-4, 99, 105*n*, 108, 129-30, 136; discórdias e ressentimentos entre Aimée e Cristina, 142, 161, 177; discrição de, 12, 95, 131, 186; elegância de, 11, 16, 23, 29, 38, 42, 49, 69, 75, 130; eleita pela *Time* como uma das cinco mulheres mais elegantes de 1941, 11, 69, 177; em cruzeiro pelas ilhas gregas (1955), 103-6, *122*, 142; empregadas brasileiras de, 9, 83, 172-3, 180, 182-3; encontros íntimos registrados nos diários de Getúlio Vargas, 33-41; entorse no joelho e cirurgia (1999), 180; entre as damas "promotoras do Brasil" na aristocracia internacional, 147-50, 155, 179; entrevistada para a produção do filme *Chatô* de Guilherme Fontes, 99-100; entusiasta da medicina ayurvédica, 167-8; fim do casamento com Luís Simões Lopes (1938), 10; fim do romance com Getúlio Vargas (1938), 46; flertando com Orson Welles em Veneza (1951), 88; frequentando discretamente o Palácio do Catete (anos 1930), 24; fuga da França (1939), 65-6; garçonnière em Copacabana para encontros com Getúlio Vargas, 33, 46; hospeda Cecil Beaton em Louwana (1971), 155; idiomas falados por, 150-1; infecção respiratória e internação (2006), 186; jabuticabas recebidas de Charlô Whately, 179; joias de, 9, 24, 52*n*, 56, 74-5, 88, 91, 131, 173; jovens admiradores de, 169; lugar privilegiado nos desfiles de moda, 76; mexericos sobre o caso com Getúlio, 39; missão cultural na URSS (1965), *123*, 132-6; morando na East 90th Street (Nova York), 109, 154; morando na Rue de Varenne (Paris), 94, 171, 178-9, 184; morando no Hotel Le Meurice (Paris), 49, 62, 163; morte da irmã Vera (1986), 165; morte e cremação de (2006), 186; mudança para Biarritz (1946), 71; mudança para Nova York (1939), 65-7; mudança para Nova York (1957), 109; mudança para o Rio de Janeiro na infância, 14-6; mudança para Paris (1938), 45-6, 48; na alta-roda dos EUA, 67-8; na campanha de Chatô pelos museus regionais (1963), 128; na coroação da rainha Elizabeth II (1953), 98-9; na festa de primeira comunhão de Victoria, 177; na festa do castelo de Corbeville (França, 1952), 89-93, 108, 129; na *high society* francesa, 71; na sociedade diplomática de Washington, 68; nas colunas sociais americanas,

68; nas colunas sociais brasileiras, 29; nascimento da filha Cristina (1943), 69; nascimento da neta Victoria (1980), 163; nascimento no interior do Paraná (Castro), 9-10, 13-4, 186; necrológios de, 10, 13-4, 150; no baile em comemoração ao fim da Segunda Guerra (Copacabana Palace, 1945), 69; no Bal-Cirque (Paris, 1939), 54-61; no Bal Oriental (Veneza, 1951), 86-8, 101, *119*; no funeral do duque de Buccleuch (1973), 144; no Rolls-Royce a caminho do Palácio de Buckingham (1953), 99; no spa de Deepak Chopra, 168; noite de núpcias com Simões Lopes, 23; nome de solteira (Aimée Sotto Maior de Sá), 9; nomeada para o Hall of Fame pela revista *Vanity Fair* (1996), 177; olhar apurado em questões de moda, 49-50; olhos verdes de, 16, 79, 144, 151; opinando sobre arte impressionista, 82; organiza o casamento religioso de Cristina (1982), 163; "ossos bonitos" de, 151; "paixão alucinante" de Getúlio por, 43; Páscoa de 1935 em companhia da família Vargas, 28; passaporte diplomático brasileiro de, 10, 13-4, 109; patrimônio financeiro de, 12; perfil de Aimée escrito por Gilberto Freyre (1963), 129; poliglota, 150-1; proximidade com Isabel de Orleans e Bragança (condessa de Paris), 148; proximidade de Aimée com o Itamaraty, 150; reação ao suicídio de Getúlio Vargas (1954), 100; relações fraternais com todos os diplomatas da embaixada brasileira em Paris, 72; rendez-vous com Getúlio Vargas em Poços de Caldas, 41; reputação como anfitriã, 150, 156, 170; residências de, 11, 164, 173, 182, 188; retratada por Portinari (1945), 70, 78-9, 85, *118*; romance com Assis Chateaubriand, 11, 95, 97, 106, 108; romance com Getúlio Vargas, 11, 12, 21, 33-45, 187; romance com o duque de Buccleuch, 141-2, 144; secretárias-executivas de, 164; *Senhora Aimée, A* (tela de Portinari, 1945), 70, 78-9, *118*; separação de Simões Lopes, 38-9; sobrinhos de, 165; sotaque sulista de, 21, 169; telefones de Aimée em Paris e Nova York, 154; temporada no Brasil durante a Segunda Guerra, 69; testamento de, 187; traição descoberta por Simões Lopes, 38; treino de golfe com Getúlio, 40-1, 44; última vez que esteve no Brasil (1986), 165; "último aniversário" na Villa La Roseraie (2003), 9, 13; último encontro íntimo com Getúlio Vargas (1938), 46; últimos anos de vida de, 186; vestidos de, 29, 49, 56, 67, 69, 72, 73*n*, 83, 145; viagem à Europa no *Graf Zeppelin* (dirigível alemão, 1934), 26; viagem a São Paulo (1968), 136-7; viagem ao Nordeste (1963), 128-31;

Heeren, Aimée de (*continuação*)
viagem com Cristina a Moscou (1965), 132-6; vice-presidente da Fundação de Estudos Históricos Dom Pedro II, 133; visitas a Londres (anos 1960), 141; visitas frequentes à família no Brasil, 76; *Vogue* americana registra o sucesso de Aimée em Paris (1939), 51; yorkshires de, 184; zigomas salientes de, 16, 151

Heeren, Arturo de (pai de Rodman), 67

Heeren, Cristina (filha de Aimée), 69, 83-5, 100, 109-12, *120*, *126*, 132, 134-5, 141-3, 161-4, 170-2, 174-7, 182, 184-9, 191

Heeren, Fernanda de (mãe de Rodman) *ver* Wanamaker, Fernanda

Heeren, Rodman de ("Roddy", marido de Aimée), 11, 67, 69, 71, 76, 83-5, 93, 109, 112, 147, 162-4, 166*n*, 186

Hemingway, Ernest, 84, 111

Hepburn, Audrey, 153-4

Hermès (grife), 65, 87*n*

Herrera, Carolina, 193

Herz, Bernard, 75

high society, 71, 106, 148

Hillcrest Memorial Park (cemitério em Palm Beach, EUA), 10, 186

Hitler, Adolf, 25-7, 57-8, 62, 72

Hola! (revista), 188-9

Hollywood, 54, 59, 87, 102, 153

Hotel Le Meurice (Paris), 49, 62, 163, 178

Hotel Londres (Rio de Janeiro), 29

Hotel Lotti (Paris), 178

Hotel Moskva (Moscou), 134

Hotel Ritz (Paris), 49, 61, 146, 167

Hutton, Barbara, 86

I

Ianelli, Arcangelo, 78
Ignácio, Lydia Pereira, 172-3, 179-83, 189, 193
Igreja católica, 44, 174*n*
igreja de São Francisco (Salvador, BA), 130
ilhas gregas, 103-6, *122*, 142
Íllora (Espanha), 162
Império do Brasil, 15
império persa, 153
impressionismo, 79, 82, 105
incas, 31*n*
Índia Britânica, 48
indígenas, 96*n*, 136, 151
Indio da Costa, Ana Maria, 170-2, 180-1
Indio da Costa, Luiz Eduardo, 99, 171
Indio da Costa, Mariana, 171-2
Inglaterra, 12, 26, 28, 51, 61, 76, 98, 139; *ver também* Grã-Bretanha
Inquisição Espanhola, 137
Instituto de Aposentadoria, 37
Instituto de Pesquisas Neurológicas (Moscou), 133, 135
integralistas, 36, 45
Intentona Comunista (1935), 30, 37
Intentona Integralista (1938), 45
Irã, 153
Irlanda, 48-9, 52, 64-5
Isabel, princesa, 56, 96*n*, 148
Isabel de Orleans e Bragança (condessa de Paris, neta da princesa Isabel), 56, 147-8, 179
Itália, 25, 28, 31, 38, 54, 165
Itamaraty (Ministério das Relações Exteriores), 62*n*, 71, 103, 149-50
Iugoslávia, 57, 61, 80, 183

J

Jackson, Michael, 168n
Jagger, Mick, 154n
Jamaica, 32n
Jamelão, 91
jatinhos particulares, 102n
Jejum de amor (filme), 69
Jerusalém, 62n
jet set, 102, 109, 146
Jiménez Aranda, José, 85
Jordan, Mademoiselle, 178, 184
Jorgensen, J., 14
Jornal do Brasil, 144
Joujoux e balangandans (espetáculo de revista), 63
Juan Carlos I, rei da Espanha, 188
judeus, 57-8, 62, 174n
"Justo entre as Nações" (prêmio do Museu do Holocausto — Israel), 62n

K

Kahlo, Frida, 149
Kaye, Danny, 92
Kelly, Grace, 149, 154
Kennedy, família, 67, 102, 149, 156, 184
Kennedy, Jacqueline, 74n, 103, 149, 153, 184
Kennedy, Rose Fitzgerald, 67, 155-6
Kennedy, Ted, 184
Kennedy Jr., Joseph P. ("Joe Jr."), 67
Kent, duquesa de, 184
Khachaturian, Aram, 135
Khan, Ali, 145n
Khomeini, Ruhollah, aiatolá, 153
King's Road (Chelsea, Londres), 140
Klabin, Wolf, 98n
Kubitschek, Juscelino (JK), 10, 98n, 109, 170, 179

L

La Renta, Oscar de, 140n
Lacerda, Carlos, 90, 92-3
Lady Gaga, 154
Lafer, Horácio, 98n
Lamarr, Hedy, 57
Langsdorff, barão, 132, 135-6
Lanvin (grife), 65
Leão, Danuza, 91
Leão, Magu, 79
Legendary Parties (Faucigny-Lucinge), 108
Lênin, Vladímir, 135
Leningrado (atual São Petersburgo, Rússia), 132, 135-6
Lewis, Willie, 60
Liberal, Dulce *ver* Martínez de Hoz, Dulce Liberal
Lichtenstein, 183
Lifar, Serge, 57, 61
Life (revista), 75n
Lima, Nelita Alves de, 108
Lipizzan (cavalos de raça), 59
Lira Neto, 46
Lirazel, princesa elfo (personagem), 64
Lisboa, 65
Llorente, Juan Antonio, cardeal, 137
Lobo, Fernando, 94
Lobo, Laurinda Santos, 15-6
Lodi, Euvaldo, 98n
Londres, 27, 49, 55, 57, 77, 83-4, 97-8, 102n, 103, 109, 128, 134, 139-41, 144n, 154, 165, 183, 190
Loro Piana (grife), 160n
Louis Vuitton (grife), 72

Louvre, Museu do (Paris), 62, 66, 178, 192
Louwana, Villa (Palm Beach, Flórida), 67, 137, 155-6, 164, 166, 189, 194
Love Story (Segal), 157
Lucía, Paco de, 175*n*
Luís XV, rei da França, 110, 145
Lydia (governanta de Aimée) *ver* Ignácio, Lydia Pereira

M

Machado, Antonio, 174
Madri, 110-1, 162, 180, 183, 185-6
Madruzzo, Cristoforo, cardeal, 137
Magalhães, Juraci, 16
Mainbocher (grife), 59, 149
Maio de 1968 (revolta do movimento estudantil francês), 143-4
Mairena del Alcor (Espanha), 174
maison Chanel (Paris), 50
Manet, Édouard, 82
Mangue, zona do (Rio de Janeiro), 158
mansão Wanamaker-Munn (Nova York), 68, 109-10, 112, 154, 189, 191
Mantegna, Andrea, 80
maracatu, 91
Marbury, Elizabeth, 54
Margrave, Georg, 136
Maria Antonieta, rainha consorte da França, 57, 101
Maria da Glória de Orleans de Bragança, princesa, 183
Maria de Lichtenstein, princesa, 183
Maria Isabel de Wittelsbach, princesa da Baviera, 69
Mariani, Clemente, 131

Marie-France (secretária-executiva de Aimée), 164, 182-3, 193
Marinha britânica, 38*n*
Marinho, Lily de Carvalho, 16
Marizete (empregada de Aimée), 182, 184
Marli (empregada de Aimée), 182
Martínez de Hoz, Dulce Liberal, 147-8, 158-9
Martínez de Hoz, Eduardo, 148
Martins, Moacir Vieira, 41
máscaras venezianas, 87
Masp (Museu de Arte de São Paulo Assis Chateaubriand), 78-82, 97, 100, 128-30, 137
Massorra, Anísio, 131
Mato Grosso, 92, 135-6
Mato Grosso do Sul, 135
Mattison, Perla Lucena, 149
Maugham, Somerset, 104
Maxwell, Elsa, 59, 97, 102-3, 105-7
Mayfair (Londres), 141
Mayrink Veiga, Carmen, 150, 157-8
Mayrink Veiga (rádio), 63
Mazzaropi, 94*n*
Meath, condado de (Irlanda), 64
Medeiros, José, 96
Mellão, Renata da Cunha Bueno, 137
Mellão, Sérgio, 137*n*
Melo Franco, Caio de, 82, 92, 150
Memórias do cárcere (filme), 96*n*
Mendes Caldeira, Christina, 150
Mendl, Lady *ver* Wolfe, Elsie de
Mendl, Sir Charles, 55, 65
Mephisto (sapatos), 178
meretriz e cortesã, diferença entre, 145
Merian, Maria Sybilla, 136
Metro-Goldwyn-Mayer, 67
Milão, 34
Mille, Cecil B. de, 93

Minas Gerais, 33n, 40, 44, 81, 98n, 135
Ministério da Agricultura, 17, 25
Ministério da Educação, 36
Ministério da Guerra, 26, 30, 36, 45
Ministério da Propaganda (Alemanha nazista), 27
Ministério das Relações Exteriores *ver* Itamaraty
Minnelli, Vincente, 155n
Miranda, Carmen, 24
mitologia irlandesa, 48, 64
Mônaco, 91n, 92, 102, 154
Montand, Yves, 143
Monteiro, Góis, 26
Moore, Demi, 168, 194
Morais, Fernando, 11, 95, 99
Moreira Salles, Elisinha, 108, 147, 149, 152, 157-8
Moreira Salles, Walther, 42, 81, 108, 149-50, 157, 159
Morganti, Fúlvio, 98n
Moscou, 132-6
Moura, Nero, 42
Moyns Park (casa de campo em Essex, Inglaterra), 32
Müller, Filinto, 43
Munn, Ector Orr, 68
Murrow, Ed, 145n
Musée des Arts Décoratifs (Paris), 184
Museu de Arte Moderna de Nova York, 70
Museu de Arte Sacra da Bahia, 132
Museu de Leningrado, 132, 135-6
Museu do FIT (Fashion Institute of Technology — Nova York), 50, 72, 73n, 74
Museu do Holocausto (Jerusalém), 62n
Museu do Prado (Madri), 190
Museu Rodin (Paris), 94
museus regionais, campanha de Chatô pelos (1963), 128
Mussolini, Benito, 25-6, 31, 38n
My Fair Lady (filme), 55, 155

N

Nabuco, Vivi, 149-50
Nacional (rádio), 63
nacional-socialismo *ver* nazismo
Napoleão III, imperador da França, 51
Nassau (Bahamas), 32n, 166
Nassau, Maurício de, 132
Nassif, Luis, 42n
Nast, Condé Montrose, 74n
National Gallery (Londres), 190
National Portrait Gallery (Londres), 155n
nazismo, 26-8, 30n, 57-8, 61, 62n, 72
necrológios de Aimée, 10, 13-4, 150
Neptunia (navio), 38
Nery, Adalgisa, 147-8
Nery, Ismael, 149
Nevada, serra (Espanha), 162
New Look/Corolle (coleção de Christian Dior), 73, 99
New York Journal-American, The (jornal), 97, 102n
New York Times, The (jornal), 10, 12, 150, 153, 189
New Yorker, The (revista), 55
Niarchos, Stavros, 103, 105, 145n
Nicolás (marido de Victoria), 191
Nicolau II, tsar, 101
Nininha (yorkshire de Aimée), 184
Niterói (RJ), 189, 194
Noble, Cristina Heeren de (filha de Aimée) *ver* Heeren, Cristina

Noble, John Christopher, 162-3, 177, 185
Noble, Victoria (neta de Aimée), 163, 177, 187, 191
Noblesse oblige (cartilha da aristocracia britânica), 139
Nordeste brasileiro, 128-31
Normandia (França), 96
Norris, Iolanda, 43
Northamptonshire (Inglaterra), 141
Nova York, 9-13, 50, 55, 65-8, 70-3, 74n, 78, 81, 87n, 102-3, 106, 109, 112, 128, 131, 137, 143, 147, 149, 152-6, 161, 164-5, 167, 169, 171-2, 178, 183, 186-7, 189, 191-3

O

O que é que há, gatinha? (filme), 13n
Oliveira, João Daudt, 16
Oliveira, Maria Aparecida de, 9, 124, 180-5, 188, 191-5
Oliveira, Sílvia Amélia de, 108
Oliver (yorkshire de Aimée), 184
Olympia (tela de Manet), 82
Onassis, Aristóteles, 103
Onassis, Cristina, 154n
Opéra de Paris, 57, 61
Oracabessa (Jamaica), 32n
Ordóñez, Antonio ("El Catedrático"), 84, 111
Orozco, José, 149
Orquestra Tabajara, 90
Otelo (filme de Welles), 87
Otelo (Shakespeare), 87
Otero, Agustina, 145-6
Ouro Preto, Mimi de (Mimi d'Arcangues), 149
Oz, Mehmet C., dr., 189

P

Pahlavi, Farah Diba, 153
Pahlavi, Mohammad Reza, xá, 153
País Basco, 67
País, El (jornal), 188
Palace Hotel (Poços de Caldas), 42
Palácio de Buckingham (Londres), 99
Palácio de Inverno (São Petersburgo), 101
Palácio de Versalhes (França), 55, 94, 101
Palácio do Catete (Rio de Janeiro), 19, 24, 28, 37, 47, 79, 100
Palácio Guanabara (Rio de Janeiro), 36, 38-9, 45-6, 56
Palácio Matignon (Paris), 179
Palácio Rio Negro (Petrópolis), 24, 34
Palácio Tiradentes (Rio de Janeiro), 18
Palazzo Labia (Veneza), 86-8, 101
Paley, "Babe" Cushing, 69, 177
Paley, William, 145n
Palm Beach (Flórida), 10-1, 14, 67, 85, 109, 131, 137, 155-6, 163, 167-8, 172, 183-6, 189, 193
Palm Beach Daily News (jornal), 13n
Pará, 135
Paraná, 9, 17, 81, 133, 183
Paris, 10-2, 16, 23, 31-2, 34, 39, 42, 45-6, 48-51, 54-5, 61-2, 65-8, 71-4, 76, 80, 87n, 88-94, 96, 99, 102-4, 109, 131, 137, 142, 144, 146-9, 153-4, 158, 160, 163-5, 167, 169-72, 178, 182-4, 188, 192-4
Paris Match (revista), 105
Park Avenue (Nova York), 66-7
Parnaso, monte (Grécia), 106
Parsons School of Design (Nova York), 13n
Partenon (Atenas), 106
Partido Democrata (EUA), 146

Partido Republicano Rio-
  Grandense, 14
passaporte diplomático brasileiro
  de Aimée, 10, 13-4, 109
Pastora Imperio (dançarina
  sevilhana), 111
Pato Preto (cantor), 94
Patrício, são, 65
Paulo I, rei da Grécia, 106
Paulo da Iugoslávia, príncipe, 57,
  61, 80
Pedro da Iugoslávia, príncipe, 57n
Pedro de Orleans e Bragança,
  príncipe, 69
Pedro, o Grande, tsar, 132
Peloponeso (Grécia), 106
Pelotas (RS), 15, 17
Peru, 31n, 166
Petrópolis (RJ), 24, 28, 34, 38-9, 62
Phipps, Eric, 59
Picasso, Paloma, 154n
Pickford, Mary, 59
Pignatari, Baby, 108
Piguet, Robert, 56, 67, 72, 74
pillbox (chapéus), 74n
Plaza Athénée (Paris), 82, 96, 178
Plaza Hotel (Nova York), 152
Plunkett, Edward John (Lord
  Dunsany, pai de Randal), 48, 64
Plunkett, Edward John Carlos (20o
  barão de Dunsany, filho de Vera
  e Randal), 65-6, 69, 77, 165
Plunkett, família, 64-6, 77
Plunkett, Randal Arthur (19o barão
  de Dunsany), 48-9, 65, 66n, 76,
  165n
Plunkett, Randal Arthur (neto de
  Vera e Randal), 48n
Poços de Caldas (MG), 39-42
Poiret, Paul, 73
Polanski, Roman, 154n

Polignac, Ghislaine de, princesa, 86n
Polônia, 61-2, 65
Pompadour, Madame, 145-6
Pond's (indústria de cosméticos), 68
Ponta Grossa (PR), 14
Porter, Cole, 55
Portinari, Candido, 70, 78-80, *118*,
  147n
Porto Alegre (RS), 19, 22
Portugal, 37n, 65
positivistas, 17, 44
Post, Frans, 132, 136
Praia Vermelha (Rio de Janeiro), 30
Pravda (jornal russo), 135
press-release nos desfiles de moda,
  74
Prestes, Júlio, 18
Prestes, Luís Carlos, 30
Prettyman, Arthur (neto de Vera), 166
Prettyman, família, 166, 177
Prettyman, George (filho de Vera),
  77, 165
Prettyman, Luiza Galliez, 165-7, 170
Prettyman, Vera (irmã de Aimée),
  14, 16, 23-4, 26, 28, 31-2, 39-40,
  48, 49, 52, 64-6, 69, 76-7, 109,
  113, 128, 161, 165-7, 171-2, 182
Prettyman, Walter (terceiro marido
  de Vera), 76-7
Prettyman, William (filho de Vera),
  32n, 77, 165-7, 170
Primeira Guerra Mundial, 26, 74n,
  102
Princeton, Universidade de, 68
Proclamação da República (1889),
  14, 89
Proctor, Patrick, 128n
Protesto Flamenco (movimento),
  175n
"Pureza" (selo fonográfico de
  Cristina), 175

Q

Quant, Mary, 10, 140
Quartier Latin (Paris), 143
Quênia, 61, 80
Quentel, Clara de Sampaio, 14-5
Quentel, Regina Sampaio, 46
Quinta Avenida (Nova York), 109, 189, 191

R

Rabanne, Paco, 141
rádio, 22, 37, 63, 79, 102
Rafael (pintor renascentista), 86
Rainier III, príncipe de Mônaco, 145n, 154n
Ramos, Graciliano, 30n
Rawlings, John, 73, 75
Ray, Man, 49n
Real Academia Holandesa, 81
Reboux, Caroline, 50-1
Recife (PE), 93, 129
Reino Unido, 82, 141, 165
Reis, Mário, 63
Rembrandt, 81
Renoir, Pierre-Auguste, 81-2, 138
Retirantes (tela de Portinari), 79
Retrato de Don Juan Antonio Llorente (tela de Goya), 137
Retrato de jovem com corrente de ouro (tela atribuída a Rembrandt), 81
Retrato do cardeal Cristoforo Madruzzo (tela de Ticiano), 137
Retrato do rei Felipe II (tela de Velázquez), 85
Retratos, série (telas de Portinari), 79; *ver também Senhora Aimée, A* (tela de Portinari, 1945)
reville, Charles, 145n

Revolução Constitucionalista (1932), 23
Revolução de 30, 16, 26, 47
Ricci, Nina, 72
Rio Branco, barão do, 93
Rio de Janeiro (RJ), 10, 14-5, 17, 19, 29-31, 35, 39, 43-5, 63, 66, 69-70, 76, 86, 87n, 89, 106, 148, 157, 165, 172, 180-1, 193
Rio Grande do Norte, 130
Rio Grande do Sul, 15
Rivera, Diego, 149
Rochas, Marcel, 72
Rodésia (atual Zimbábue), 162
Rogers, Ginger, 92
Roma, 31, 165, 183
Romanones, condessa de (Aline Griffith), 184
Romanov, dinastia, 101, 153
Roosevelt, Eleanor, 69
Roosevelt, Franklin D., 69
Rothschild, Élie de, 145
Rothschild, Guy de, barão, 153
Rothschild, Louis Nathaniel de, barão, 57
Rothschild, Marie-Hélène van Zuylen de Nyevelt de, 153
Rothschild, Maurice de, 60-1
Rubinstein, Aniela, 79
Rugendas, Johann Moritz, 132, 136
"Ruínas do Egito pedem socorro" (reportagem em *O Cruzeiro*), 108
Ruiz Soler, Antonio ("El Bailarín"), 84
Russell, Rosalind, 69
Rússia, 101, *123*, 136; *ver também* União Soviética

S

Sá, Aimée Sotto Maior de *ver* Heeren, Aimée de

Sá, Genésio Sotto Maior de (pai de Aimée), 13-6, 69, 77, 98, *113*, 165-6

Sá, Julieta Sampaio Quentel de (mãe de Aimée), 14-6, 23, 26, 66, *113*

Sá, Vera Sotto Maior de (irmã de Aimée) *ver* Prettyman, Vera

Saint-Jean-de-Luz, vila de (Biarritz), 65

Salazar, António de Oliveira, 37*n*

Sales, Armando, 33*n*

Salgado, Plínio, 36, 45

Salvador (BA), 129, 131-2

San Sebastián (País Basco/Espanha), 67, 84

Sánchez, Calixto, 174-6

Santa Teresa, bairro de (Rio de Janeiro), 15, 44*n*, 76-7

Santa Teresa, bairro de (Salvador), 131

Santorini (ilha grega), 106

Santos, porto de (SP), 78, 137*n*

São Borja (RS), 15

São Gonçalo (RJ), 181, 192

São Jerônimo penitente no deserto (tela de Mantegna), 80

São Lourenço (MG), 39, 43

São Paulo (SP), 78, 80, 97, 136-7

São Paulo, estado de, 22-3, 43, 135

Saura, Carlos, 175*n*

Scheips, Charlie, 60

Schering (laboratório farmacêutico), 81

Schiaparelli, Elsa, 49, 74, 76, 91

Seabra, Nelson, 87, 152*n*, 154*n*

Segal, Erich, 157

Segunda Guerra Mundial, 42, 54, 57-8, 61, 65, 67, 69, 76, 79, 101, 103, 148, 184*n*

Selkirk (Escócia), 141

Senado, 37, 97

senhor dos anéis, O (Tolkien), 64

senhora Aimée, A (tela de Portinari, 1945), 70, 78-9, *118*

"senhora Aimée de Heeren abre seus salões, A" (reportagem de *O Cruzeiro*, 1952), 94

Senna, Júlio, 157-8, 159*n*

Seridó (RN), 93, 108, 129, 160

Sevilha (Espanha), 84, 174, 183, 185, 187-8

Shakespeare, William, 87

Silva-Nigra, d. Clemente da, 132-6

Silveira, Jane Xavier, 79

Silveira, Joaquim Guilherme da, 89

Silveira, Nise da, 30*n*

Simões Lopes, família, 14

Simões Lopes, Ildefonso, 14-5, 17-9, 22

Simões Lopes, Luís, 10, 12, 14-9, 22-8, 30-1, 34, 36-8, 43, 46-7, 94, 171

Simonsen, Mário Wallace, 81

Simpson, Wallis (duquesa de Windsor), 57, 69, 71, 148, 153

Sinatra, Frank, 145*n*, 152*n*

"sinhazinha", Aimée como (na festa do castelo de Corbeville, França, 1952), 89, 91, 108, 129, 131

"sinhazinha Wanderley no Recôncavo, Uma" (reportagem em *O Cruzeiro*, 1964), 130

Skorpios (ilha grega), 103

Smith, Sally Bedell, 146

socialites, 59, 68, 73, 85, 92, 147, 153

"socialites", uso do termo, 147

Solari, Jean, 108

Solms, Benedict (príncipe de Solms-Hohensolms-Lich), 184

Sorbonne (Universidade de Paris), 58, 143

Sorolla, Joaquín, 85, 164, 187, 189-90

Souza, Dora de, 137

Souza, Odilon de, 137

Sousa Dantas, Loli, 150
Sousa Dantas, Luís Martins de, 58, 62
Sousa Filho, 18
Sparano, Luís, 31
Spetsopoula (ilha grega), 103
Stálin,Ióssif, 59
Studio 54 (boate de Nova York), 112
Succession (série de TV), 160*n*
Suíça, 26, 87*n*
suicídio de Getúlio Vargas (1954), 100

T

tablaos (bares madrilenhos), 111-2
Tamm, Henrique, 77
Tàpies, Antoni, 188*n*
Tara, colina (Irlanda), 64-5
Taunay, Aimé-Adrien, 132, 136
Tavares, Leda, 79
Tavares, Odorico, 130, 134
Taylor, Elizabeth, 154
Tchecoslováquia, 54
Terra em transe (filme), 96*n*
Theatro Municipal (Rio de Janeiro), 16, 62
Thermas Antônio Carlos (Poços de Caldas), 42
Thurn und Taxis, Glória von, princesa, 183
Thurn und Taxis, Johannes, príncipe, 52*n*, 170
Ticiano, 137
Tiel, Vicky, 9, 13, 167, 184
Tiepolo, Giovanni Battista, 86
Tierney, Gene, 86
Time (revista), 11, 69, 104, 149, 177
Tintoretto, 81
"Ti-Pi-Tin" (canção), 60
Tolkien, J. R. R., 48, 64
Tomasa, José de la, 175-6
Toulouse-Lautrec, Henri de, 80-1

Tribuna da Imprensa (jornal), 90, 92-3
Tribunal de Contas da União, 97*n*
Turner, Tina, 177
TV Tupi, 90

U

Uchoa, Plínio, 16
Última Hora (jornal), 90
Umbuzeiro (PB), 96
Unamuno, Miguel de, 112
Ungaro, Emanuel, 140*n*
União Soviética, 30, 59, 61, *123*, 132-6

V

Valadares, Benedito, 40
Van der Ley, Kaspar, 129-30
Vanity Fair (revista), 87*n*, 177, 188
Varenne, Rue de (Paris), 94, 171, 178-9, 184
Vargas, Alzira *ver* Amaral Peixoto, Alzira do
Vargas, Darci, 25, 28, 34-5, 38-40, 44-5, 63, 89-90, 92, *114*-5
Vargas, família, 15, 17
Vargas, Getúlio, 10-2, 15, 17-31, 33-47, 62*n*, 63, 68, 79, 89-90, 93, 97, 100, *114*-5, 149, 186-7
Vargas, Jandira, 34, 46
Vargas Llosa, Mario, 188*n*
Vega de los Reyes, Rafael ("Gitanillo de Triana"), 85, 111
Velázquez, Diego, 85, 189
Veneza, 86-8, 101, 103, 105, 142, 160, 179, 183
Versalhes (França), 23, 55, 94, 101, 142
Vidal-Quadras, Alejo: retratada por, 85
Vidas secas (filme), 96*n*

Viena, 34, 57, 72, 183
Villa La Roseraie (mansão em Biarritz, França), 9, 13, 71, 83, 188-9
Villa Trianon (França), 54-8, 60-1
Villa-Lobos, Heitor, 37n, 135
Vionnet, Madeleine, 49-50
Vogue (revista), 11, 50-1, 55-6, 61, 67, 72n, 73, 74n, 155, 157
Volkswagen (montadora alemã), 104
Vreeland, Diana, 155

W

Wainer, Samuel, 90
Waldner, Sílvia Amélia de, 149
Walther Moreira Salles: O banqueiro-embaixador e a construção do Brasil (Nassif), 42n
Wanamaker (loja de departamentos dos EUA), 11, 67-8, 84
Wanamaker, Fernanda, 67-9, 109, 162-3
Wanamaker-Munn, vila *ver* mansão Wanamaker-Munn (Nova York)
Wanderley, Ana Joaquina Mariani, 131
Wanderley, família, 129, 131
Wanderley, João Maurício (barão de Cotegipe), 131
Wanderley, Vergniaud, 97n
Warhol, Andy, 154n
Washington Luís, 18
Washington Post, The (jornal), 143, 152n
Washington, D.C., 33n, 68, 70, 144n, 149
Weiller, Paul-Louis, 55, 59, 61, 86n
Welczeck, Johannes von, conde, 59-62
Welczeck, Louisa von, condessa, 60-1
Welles, Orson, 84, 87-8, 92, *119*, 153

Westminster, abadia de (Londres), 64n, 99
Westminster, duque de *ver* Grosvenor, Hugh Richard ("Bendor", duque de Westminster)
Whately, Charlô, 178-9
Whitney, John, 145n
Wigle, George, 98n
Wiltshire (Inglaterra), 155
Windsor, duquesa de *ver* Simpson, Wallis
Winston, Randolph, 145
Wolfe, Elsie de (Lady Mendl), 54-5, 57-61, 65, 68, 102
Woolworth (rede de lojas dos EUA), 86

X

Xangai (China), 160
Xica da Silva (filme), 96n

Y

You Only Live Once (Bryce), 166
Yturbe, família, 169

Z

Zanuck, Darryl, 59
Zé Minhoca (humorista), 94
Zurique, 10, 26

© Delmo Moreira, 2024

Todos os direitos desta edição reservados à Todavia.

Grafia atualizada segundo o Acordo Ortográfico da Língua Portuguesa de 1990, que entrou em vigor no Brasil em 2009.

capa
Estúdio Polar
foto de capa
O Cruzeiro/ D.A. Press
tratamento de imagens
Carlos Mesquita
pesquisa iconográfica
Gabriella Gonçalles
preparação
Silvia Massimini Felix
checagem
Érico Melo
índice remissivo
Luciano Marchiori
revisão
Érika Nogueira Vieira
Jane Pessoa

Dados Internacionais de Catalogação na Publicação (CIP)

Moreira, Delmo (1954-)
A Bem-Amada : Aimée de Heeren, a última dama do Brasil / Delmo Moreira. — 1. ed. — São Paulo : Todavia, 2024.

ISBN 978-65-5692-724-4

1. Biografia. 2. Perfil biográfico. I. Heeren, Aimée de. II. Título.

CDD 928

Índice para catálogo sistemático:
1. Biografia : Perfil biográfico 928

Bruna Heller — Bibliotecária — CRB 10/2348

todavia
Rua Luís Anhaia, 44
05433.020 São Paulo SP
T. 55 11. 3094 0500
www.todavialivros.com.br

fonte
Register*
papel
Pólen natural 80 g/m²
impressão
Geográfica